とちぎ歴史をあるく

影山 博

随想舎

はしがき

栃木市は歴史の町である。「蔵の街」「小江戸」と呼ばれ、多くの観光客が訪れている。私は幼少のころ祖母に連れられ、バスで町に出るのが楽しみであった。祖母は田舎で菓子店を営んでおり、問屋から商品を仕入れるために出かけたのである。市街地は建物のほとんどが蔵造りであった。高校入学後、栃木駅前にあった百貨店の屋上から見た町の風景は幼いときに見たものと変わらなかった。現在も明治時代の見世蔵が残り、五四件が国登録有形文化財に指定され、嘉右衛門町の例幣使街道の街並みは伝統的建造物群保存地区として昔日の風景を残している。

田村町には古代の政庁である国庁の跡があり、国史跡になっている。岩舟町小野寺の大慈寺は慈覚大師ら多くの名僧を輩出した。中世には宇都宮氏や小山氏のような大きな地域権力は生まれなかったが、皆川氏・西方氏や下野島津氏の中小武士が生き残りを懸けて争いを繰り返した。江戸時代になると、多くの下野戦国大名が没落し、栃木市域では幕府領・大名領・旗本領・寺社領が複雑に入りこみ、栃木町は足利藩戸田氏の知行地となり、旭町にあった栃木陣屋に支配された。また、市内の農村は江戸という巨大市場の生活品の供給地となり、栃木町は巴波川を利用した水運の拠点として繁栄した。明治時代には栃木県庁が置かれ、政治・経済の中心として発展したが、県庁の宇都宮移転や東北線が開通したことで取り残されて衰退した。

栃木市の前身栃木町は明治二十二年、栃木町と栃木城内・嘉右衛門新田・箱森・大杉新田・小平柳・片柳・薗部・沼和田・平井・風野の各村と平柳村の一部を合併して成立した。昭和十二年に市制が施行され、二十九年、大宮村・皆川村・吹上村・寺尾村、三十二年に国府村を編入した。平成二十二年、下都賀郡大平町・藤岡町・都賀町と合併し、翌年に西方町を、二十六年に岩舟町を編入した。現在の栃木市は人口一六万人を擁する栃木県三番目の市である。

広域化した栃木市であるが、意外とその歴史を知らない市民も多い。「歴史は繰り返す」はギリシャの歴史家ツキディデスの言葉である。私たちは祖先が果たしてきたことを客観的にとらえ直すことが必要である。歴史的事象を正しくみることは、私たちの未来を考えるうえで重要である。栃木市には市史や旧町史があり、地域の歴史を知るには便利であるが、発行年次が古い市町史はその時代の成果であって現在の研究レベルを反映しておらず、「史」というよりも「誌」に近いものもある。歴史は史料を分析し、且つ現在的な目で書き換える必要があろう。

本書は、平成の大合併で生まれた新生栃木市の遺跡や史跡を原始・古代から近現代までの時代ごとにまとめ、歴史が通観できるようにまとめている。本書を手引きにして、読者のみなさんが栃木市の歴史や史跡を探訪・探求されることを願っている。

なお、本書の引用史料は適宜、読みくだし文に改め、句読点や振り仮名を補い、片仮名文は平仮名文に改めた。参考にした文献は巻末に著書名の五十音順で掲げてある。

とちぎ 歴史をあるく　目次

Ⅰ　原始・古代⑴編

星野遺跡縄文復元住居

一、星野遺跡と珪岩製旧石器問題

平成十二年（二〇〇〇）十一月、毎日新聞の報道で「旧石器捏造事件」が発覚し、歴史・考古学界や教育界に衝撃を与えた。在野の考古学研究家が二五年もの間、事前に蒐集した石器を旧石器時代とされる地層に埋没し、遺跡のひとつ座散乱木《ざざらぎ》遺跡（宮城県）は前期旧石器時代の遺跡として国の史跡に指定された。ところが、石器の発見自体が自作自演であることが判明し、座散乱木遺跡の指定解除は勿論、高校日本史教科書の改定など、大きな社会問題となった。

近年は、岩手県金取《かなどり》遺跡や島根県砂原《すなばら》遺跡など前・中期旧石器遺跡の発見・調査があり、日本列島の人類の起源を一〇万年前に遡るとの見解が示されているが、異論もあって決着していない。結局、日本の旧石器時代は岩宿遺跡（群馬県。日本で最初に旧石器遺跡であることが確認され、国史跡に指定された）の原点に戻り、我が国の旧石器時代は約三万〜三・五万年前の後期旧石器時代を始原とされることになった。

栃木市北部の山間地にある星野遺跡（星野町）は足尾山塊から発する永野川左岸の山口台地にある。流域には多くの縄文時代遺跡が散在し、現在も土器片や矢尻などが表面採集できる。

東北大学の芹沢長介が地元の歴史愛好家が採集した石器のなかに、ネアンデルタール人が用いたルヴァロア型石核に似た石器があることに注目し、昭和四十年（一九六五）から五次にわたる発掘調査を行い、鹿沼軽石層（約三万年前の赤城山の噴火で堆積した地層で、一般には鹿沼土と呼ばれ、盆栽用として重宝されている）より下の地層から多数の石器を発見し、約八万年前の前期旧石器時代の遺跡であると発表して、「原人」ブームの火付け役となった。

芹沢の見解に対し、多数の考古学者は遺跡の調査・発掘地点が崖錐帯《がんすいたい》であり、急斜面から落下した岩屑が堆積したもので、各地層から大量に出土した剝片《はくへん》は自然の営為によるものであると主張した。また、素材が周辺の基盤層である珪岩《けいがん》であることから、珪岩製旧石器そのものに疑問が呈され、珪岩製石器は偽石器すなわち自然石であるとする見解が有力である。これに対して、戸田正勝は山麓の鞍部にあたる星野遺跡S地点から採集した良質な珪岩製石器を詳細に分析・研究し、これこそ真の珪岩製旧石器であるとの見解を述べた。支持する学者も多いが、残念ながら芹沢が発掘した珪岩製石器＝偽石器説が先行し、その後に旧石器捏造事件が起きた影響もあって、研究家が珪岩製石器問題にかかわりを避ける傾向にあって結論を得ていない。

なお、永野川中流右岸にある向山《むこうやま》遺跡（平井町）は我が国最古の石器の工房あるいは石材採取跡として重要であるが、遺跡は山砂利採取によって破壊されてしまっている。

二、縄文海進と篠山貝塚

今から一万三、〇〇〇年前、日本列島に縄文文化と呼ばれる新しい文化が起こった。一万年ほど前になると、列島の温暖化が徐々に進行し、海面は上昇して日本列島は大陸と切り離され現在に近い自然環境が形成された。定住生活が一般化し、鹿や猪を狩るための弓矢、トチやクヌギ・ナラの実を貯蔵する土器の使用など、豊かな生活が見られるようになった。人口も増加し、狩猟・漁撈・採集のほかにも、マメ類やソバ・イモ類などの雑穀栽培も行われた。

この縄文文化は数千年も続いたので、全国で九、〇〇〇を超える遺跡が発見されている。星野町の比高二〇～四〇《メートル》の山口台はかつて前期旧石器時代の遺跡として脚光を浴びたが、台地上は東西約二〇〇《メートル》、南北約五〇〇《メートル》にわたる縄文時代の遺跡でもある。調査が一部しか行われていないので遺跡の全容は明確ではないが、それでも縄文前期の住居址一軒、後期の住居址三軒が発掘され、復元されている。栃木県の縄文後期を代表する後藤遺跡（藤岡町都賀）は、一〇〇点以上の土偶や多様な滑車《かつしや》形の耳飾りが出土して注目されたが、遺跡そのものは残っていない。中期～晩期の遺跡である藤岡神社裏遺跡（藤岡町藤岡）は三〇体以上の人骨や多数

篠山貝塚

の土製品が出土し、その一部は国の重要文化財に指定され、栃木県立博物館が保管している。

縄文時代前期の集落遺跡篠山《しのやま》貝塚（藤岡町藤岡）は渡良瀬遊水地西岸の台地にあり、関東最奥の貝塚として知られ、住居址や多数の遺物が見つかっている。縄文時代、温暖化による海面の上昇（縄文海進）で遊水地周辺は広大な湿地帯となり、淡水と海水が入り混じる汽水域が形成された。貝塚は貝層が約一五〇メートルの馬蹄《ばてい》状に分布し、貝層に囲まれた中央の空間に住居群がつくられていた。この円形広場は作業場や交易、あるいは祭祀の場所であったのであろう。貝層は淡水産のヤマトシジミが主体であり、貝塚が直接海に面していなかったことを示している。しかし、海水産のアサリ・サザエやハマグリ、クロダイなどが発掘されており、近くに海が迫っていたことがわかる。また多量のシカやイノシシの骨も出土し、それを用いた釣り針やヤスなどの骨角器も発掘されている。当時の食生活を知ることのできる貴重な遺跡であるが、遊水地の堤防工事のために多くが破壊された。現在も地表に大量の貝殻を見ることができる。

三、弥生時代の遺跡

水稲栽培を主とした弥生文化は、紀元前一〇世紀の九州北部に始まるとされる。文化の波は徐々に東へ伝播して前六世紀に濃尾平野に達し、関東地方に稲作が定着するのは前二世紀頃であったといわれる。栃木県の弥生遺跡は一三〇か所ほどが確認されているが、大規模な水田跡は見つかっていない。弥生時代の本県は水稲栽培がいまだ本格化せず、前代からの雑穀栽培と狩猟採集が主軸であったのだろう。弥生中期後半（前二世紀〜紀元前後）の近畿地方は大規模な環濠集落が造られ、クニと呼ばれる小国家が成立した。

大塚古墳群内遺跡（大塚町）は弥生中期後半の遺跡であり、土壙墓《どこうぼ》（地表面を掘りくぼめて造られた墓穴）一五基と掘立柱の建物四棟が発掘された。楕円形の墓穴（一八〇㎝×一一〇㎝）一基から人面付土器一個が発見され注目されている。土器は遺骸の頭部付近に西向きに置かれていた。遺骸に土をかけ、その上に破砕された土器片が敷き詰められており、死者を葬送する儀礼のあとに使用した土器を打ち割り、葬ったと指摘する研究者もいる。人面付土器を納めた墓は一個であることから被葬者はこの集団の支配者であり、祭祀者であると考えられている。

四、赤麻沼周辺の前方後方墳

山王寺大桝塚古墳

三世紀の中葉、奈良盆地に卑弥呼《ひみこ》の墳墓とされる我が国最古の前方後円墳である箸墓《はしはか》古墳が築造され、ヤマト王権が成立した。関東地方では四世紀前半に相模・上総など南関東エリアに前方後円墳が出現し、それ以外の地では前方後方墳が築造された。栃木県は足利・佐野地域を除くと前方後方墳が優位であり、前方後円墳が主力となるのは他地域より遅く、五世紀に入ってからである。古墳は当時の地域権力の象徴であり、この形状の古墳に葬られた人物とヤマト王権のかかわりは興味深い。前方後方墳や前方後円墳の被葬者（首長）はヤマト王権の大《おお》王《きみ》（天皇）から古墳の築造を許され、被葬者の亡きあと、首長霊継承のために古墳上で葬送儀礼を行ったのである。古墳は当時の支配関係を反映した政治的記念物であり、墳形や規模、副葬品にそのことが顕著に認められる。

東京湾から太日川《ふとい》（現在の渡良瀬川）や利根川（古代には埼玉県加須市付近から南流し、直接東京湾に流入していた）を遡上し、毛野国《けのくに》（鬼怒川以西の群馬県・栃木県。鬼怒川は毛野国と那須国の境にある川「毛の川」である）に至る河川ルートは主要交通路であり、西の文化や情報が伝えられ、大規模な集団の移動も行われ、赤麻沼は水上交通の要所であった。

赤麻沼に接して四世紀後半～五世紀初頭に築造された山王寺大桝塚《さんのうじおおますづか》古墳（藤岡町蛭沼）は全長九六㍍《メートル》の大型前方後方墳である。副葬品には剣や直刀などの武器類が目立ち、被葬者の武人的性格が想定され、強大な軍事力を背景にしてこの地を掌握した首長墓であろう。現状は前方部が墓地、後方部も土取りによって破壊されている。

渡良瀬川中流域の足利には四世紀前・中期の築造とされる大型の前方後方墳・前方後円墳が出現する。被葬者は渡良瀬川中流域を支配する地域集団の首長であり、盟主的な存在であったと考えられる。山王寺大桝塚古墳もこうした首長の系譜につながる関係にあり、被葬者は四世紀後半に赤麻沼の肥沃な土地へ進出し、この地を掌握したのであろう。

五、吾妻古墳と下毛野氏

五世紀後半に入ると、こうした栃木県南部地域の大型古墳は消滅してしまう。中国の史書『宋書』倭国伝によれば、四七八年、倭王武（雄略天皇）が南宋の順帝に送った上表文に「昔より祖禰《そでい》躬《みずか》ら甲冑を擐《つらぬ》き、山河を跋渉《ばっしょう》して寧所《ねいしょ》に遑《いとま》あらず、東は毛人を征すること五十五国」とある記事と関係があるのかもしれない。「毛人《もうじん》」は毛野地方の人びとを指すとされる。ヤマト王権の軍事力が直接この地に及んだ結果、首長層の交代があり、一時的に政治的空白が起きて大型古墳は造られなくなったのであろう。

その空白の時期を経て、六世紀から七世紀前半にかけて思川の左岸小山市飯塚、下野市国分寺、下都賀郡壬生町に至る台地に大型の前方後円墳・円墳が集中して築造され、小型の古墳まで含めると三五〇基を超える古墳が現存し、一大墓域を形成している。

六世紀前半に突如出現したのが、小山市飯塚にある摩利支天塚《まりしてんづか》古墳（墳丘長一二〇メートル）と琵《び》琶塚《わづか》古墳（墳丘長一二三メートル）という県内最大規模の前方後円墳である。在地の小規模の首長を支配下に置いた強大な力を持つ首長墓である。このふたつの古墳の被葬者の後継墓、六世紀後半の首長墓が下都賀郡壬生町藤井と栃木市大光寺町の境界にある国史跡吾妻《あづま》古墳である。墳丘長が一二八メートル、周濠まで含めると全長一六五メートルの堂々たる前方後円墳で、埋葬施設は横穴式石室である。明治十三年（一八八〇）に旧壬生藩が士族授産の一環で上稲葉村（壬生町）の赤御堂に共産社を設立した際、一枚石を刳り抜いた玄門石と天井石を移転したので（移転の目的は不詳）、石室は破壊されたという。現在は壬生町の壬生城址公園に移され保存されている。

これらの古墳の被葬者は古墳の規模や立地から考えると、下毛野国の首長下毛野君《しもつけのきみ》（国造）であろう。下毛野氏は崇神天皇の皇子豊城入彦《とよきいりひこ》の後裔といわれており、上毛野国《かみつけの》（群馬県）の豪族上毛野氏とは同族とされる。上毛野国は四世紀後半から五世紀前半に大型の前方後円墳が相ついで築造された。太田天神山古墳（太田市）は墳長二一〇メートル、広大な二重の濠を巡らせた巨大古墳である。その墳形は大阪府の古市《ふるいち》古墳群と同じ規格が採用され、埋葬施設も長持形石棺を用い、ヤマト王権の大王墓と同じように陪塚《ばいちょう》が付随するなど、他の前方後円墳にはない突出した特徴がある。その後、群馬県は政治的混乱を迎え、いくつもの勢力が並立する時代にはいる。そのうちの一派が強大な軍事力と優れた土木技術を持って進出し、下毛野国の盟主として君臨したのであろう。

下毛野氏は七世紀後半に都に進出し、天武天皇から「朝臣《あそん》」の姓《かばね》（八色《やくさ》の姓の第二位）を賜わり、持統天皇の代に「直廣肆《じきこうし》下毛野朝臣子麻呂」が奴婢《ぬひ》六〇〇口（人）を開放している。直廣肆は天武天皇が定めた冠位四十八階（諸臣）の一六階、後の正五位の位階に相当する。子麻呂は大宝律令の制定に加わり、大宝二年（七〇二）五月、勅によって朝政（朝廷の会議）に参加し、同三年二月には律令制定の功により田一〇町、封戸五〇戸を下賜され、三月にも功田二〇町を与えられた。兵部卿・式部卿を歴任し、和銅元年（七〇八）に正四位下に昇叙し、翌二年十二月に卒している。子（古）麻呂は下野薬師寺（下野市。天武朝に開創された大寺。東大寺・筑紫観世音寺とともに三戒壇の一）の建立にも尽力したといわれ、子孫は奈良時代から平安初期まで中央政界で活躍した。

六、思川右岸の古墳

七世紀になると、大和（奈良県）では前方後円墳の時代が終焉して大王墓は方墳に変わり、下毛野国の首長墓も円墳の時代を迎えた。下毛野氏の中枢域である思川や黒川左岸、現在の下野市国分寺や下都賀郡壬生町には丸塚古墳（七四メートル）・壬生車塚古墳（八四メートル）などの大型円墳が築造され、周辺には三〇〇基近い円墳が築かれた。これらの被葬者は下毛野氏の一族や地域の有力者のものと思われる。

この地域の大型前方後円墳や円墳は国内の他の古墳とは異なる特徴がある。①広い周濠の

岩家古墳石室

内側に基壇と呼ばれる数一〇センチ程度の高さの平坦部を設け、その上に墳丘を築き、古墳全体を大きく見せている。大化改新政府が出した薄葬令に抵触することを避け、被葬者の権力を示すためにとられた手段であったのかも知れない。②埋葬施設の場所が前方部にあり（一般には後円部に埋葬施設があり、前方部は被葬者を祀る場である）、祭祀は基壇部で行われたらしいこと。③大型の凝灰岩切石を用いた石棺式石室を用いている、の三点である。その嚆矢は摩利支天塚・琵琶塚古墳の後継墓である吾妻古墳である。この三点の特徴を有する前方後円墳はこの地域ではその後五基ほど築造され、やがて大型円墳に変わるが、①と③の特徴は継承されていく。一方、小型古墳は基壇はあるものの、石室は河原石積みであり、二種類の古墳には明らかな階層差が認められる。石棺式石室の被葬者は国造級の豪族層であり、河原石を用いた横穴式石室の被葬者は国造（郡司）に仕えたか、同盟関係にある地域の有力者であろう。

七世紀、思川右岸地域にも大型の円墳が築造されるが、この地域は左岸台地にくらべて開発が遅れていたようで、古墳の数も少ない。そのなかで、岩家《いわや》古墳（大塚町）は全長六一メートル、墳丘の高さ六メートル、周濠の幅八メートルの大型円墳である。基壇を有し、埋葬施設も大型の凝灰岩切石を用いた横穴式石室であり、国造級の古墳であろう。羨道部は既に失われ、墳丘の西側も道路の拡張工事のため一部が消失している。大塚町の町名はこの古墳に由来するとされる。直ぐ東に全長四二メートルの円墳天王塚古墳があるが、主体部は河原石使用の横穴式石室であり、被葬者の階層が岩家古墳より一段低いことが想定される。

岩家古墳から南へ直線距離で約五キロ、小金井街道の南に丸山古墳（田村町）がある。墳頂部を削平して観音堂が建っており、全貌を知ることは困難である。築造年代は岩家古墳よりやや古く、七世紀前半であろう。主体部は凝灰岩切石の横穴式石室であり、国造級の首長墓である可能性がある。古墳の東北約九〇メートルの星宮神社境内には、岩家古墳の墓室の葺石（上蓋）に使用されたとされる凝灰岩製の切石が残っている。

なお、これらの飯塚・国分寺・壬生・大塚地区の古墳の石材は鹿沼市産出の深岩石・樅山石である。小倉川（思川）を利用して運ばれたもので、被葬者の権力の大きさがうかがえる。

コラム

七廻り鏡塚古墳出土品

足尾山地の南東山麓の大平町西山田・下皆川地域は小型古墳の密集地として知られて

いる。この地域の重要古墳は下野七廻《ななまわ》り鏡塚《かがみづか》古墳（大平町西山田）である。約三〇メートルの円墳とも帆立貝型古墳ともいわれ、六世紀中頃の築造である。

内部主体は舟形木棺（全長五・四九メートル、幅一・〇八メートル）と組合せ式木棺（全長二・一五メートル、幅〇・三四メートル）の二つで、材質はヒノキである。木棺がほぼ完全な形で遺存しているのは全国的にも珍しいとされる。本墳は粘土質の土を用い、木棺の周りは湧水が染み出ており、ほぼ埋葬時の状態をとどめることになったのである。舟形木棺の遺骸は棺の中央に頭を仰位伸葬で安置されており、四〇歳前後の男性と推定されている。副葬品は刀身・鞘《さや》・把木・柄《つか》からなる玉纒大刀（儀礼用の大刀）、黒漆塗弓、柄・石突の完存する矛、箆《の》の残る鉄鏃などの武具類である。そのほかにも靭《ゆぎ》の皮革部や毛織物残欠など、これまでの遺品では細部を把握できなかったものが多く出土した。本墳の発掘によってその詳細を知ることができるようになったので、学術的価値が高いとして、木棺とともに国重要文化財に指定されている。出土品はおおひら歴史民俗資料館（大平町西山田）に展示されている。

Ⅱ　古代⑵編

大神神社

一、下野国庁跡

壬申の乱（六七二）で勝利した大海人皇子《おおあまのおうじ》（天武天皇）は地方行政単位としての「国」を創設し、中央から行政担当官である国司を派遣して統治させた。

群馬・栃木両県はそれまで「毛野《けの》」と呼ばれていたが、大化の改新後に上・下に分割され、都に近い国が上毛野国《かみつけのくに》、遠い国が下毛野国《しもつけのくに》となった。それが、上野国と下野国となったのは、慶雲元年（七〇四）に諸国印が鋳造され、国々に頒布されてからである。国印は諸国が中央に上申する「解《げ》」、国衙に保管する「案文《あんもん》」（写し）や戸籍・計帳などの帳簿に、偽造防止のために捺印された。国印は「〇〇国印」の四文字で鋳造されたから、国名は二字でなければならなかったのである。

諸国の国府には、国司が政務を行う正殿や様々な官衙が置かれ、その中心的な施設を「国庁」（国衙《こくが》）と呼んだ。国庁の周囲には官人の住居や倉庫群、国学（学校）、祠社、工房などがあり、この空間が「国府」である。下野国府は『倭名類聚抄』に「国府は都賀郡にあり」と記されており、国府《こう》村の地名から栃木市国府町付近にあると想定されてきた。栃木県教育委員会が、昭和五十四年（一九七九）から発掘調査を行い、思川右岸沖積低地の田村町字宮辺の宮目《みやのめ》神社周辺で国庁跡が見つかり、全貌がほぼ明らかになった。

下野国府はⅠ期からⅥ期の変遷がある。Ⅰ期は八世紀前半であり、その建造物は掘立柱で屋根は板葺か檜皮葺《ひわだぶき》であった。Ⅱ期は八世紀後半、奈良時代の後期であり、建物は瓦葺となる。東西脇殿の焼失で終わっている。Ⅲ期は九世紀代、平安時代初期であり、建物は礎石を設けた

下野国庁前殿跡（右側奥の社殿は宮目神社）

宮目神社

瓦葺に変わる。周囲を区画する塀も板塀から築地塀に変更されている。Ⅳ期は十世紀前半、平安時代中期である。この時期は前殿が置かれず、脇殿も掘立柱に変わっている。Ⅴ期の十世紀中期以降になると、政庁は国庁域を離れ、直ぐ北の大房地に移る。十一世紀代のⅥ期になると、もとの国庁のあった地域に戻ったが、中頃に廃絶している。

最盛期九世紀の国庁は一町（一〇九メートル）四方に塀と堀が廻らされ、東西南北には門があった。国庁は南面して建つ正殿《せいでん》を中心に、正殿の前に建つ前殿《ぜんでん》や左右の脇殿《わきでん》がコの字形に配置され、前殿の南庭は様々の儀式を行う重要な空間であった。正殿は宮目神社の境内地のため調査は行われていない。正面の南門からは幅九メートルの大路が真直ぐ南に延び、周辺には諸官衙や国司の館《たち》が分散して建っていた。国府域は東西六町（六四八メートル）、南北一〇・五町（約一一三四メートル）前後であったといわれるが、詳細は不明である。現在、下野国庁跡（田村町）は国史跡に指定され、復元された前殿や出土資料を展示する栃木市国府資料館があり、史跡公園となっている。

政務を行った国司には四等級があり、最高官を守《かみ》、次官を介《すけ》、三等官を掾《じょう》、四等官を目《さかん》といい、その命を受けて事務を担当する史生《ししょう》や国学（郡司の子弟に経学を教授する学校）の教官である国博士《くにはかせ》が置かれた。国司や国博士は中央から派遣されたが、律令制が弛緩するようになると、現地の有力者が掾や目に任用され、代々世襲するようになった。

十一世紀中頃に廃滅した後の中世の「府中」（中世の国府）がどこにあったかはっきりしない。国庁跡から北方三キロの惣社町にある大神神社周辺に府中、府中前、府古屋、西内匠《たくみ》屋、北内匠屋、蔵屋敷、蔵前、大蔵、鋳物師内《いもじ》、東小路、西小路、南小路、錦小路の地名（小字）が残っており、ここに府中があった可能性が高い。

このほかにも、国庁跡付近には国府関係と思われる地名が残っている。田村町の小字「古国府《ふるこう》」は、字宮辺に国庁が置かれる以前の最初の国庁の所在地であった可能性がある。また、国庁の北五〇〇《メートル》に「大光寺」の地名がある。国府には国分寺とは別に仏事を催行する寺院が附属していたといわれる。全国の国府想定地近くに大光寺の地名や寺院が残ることから、これを国庁の附属寺院とする見解がある。下野国でもこの付近に国庁に附属する寺院があったのであろう。

二、東山道と三鴨駅

古代の律令国家は国土を支配するために、東海・東山・北陸・山陰・山陽・南海・西海の幹線七道を整備した。七道はその重要度から、大路・中路・小路に区分され、三〇里（約一六《キロ》）ごとに「駅家《うまや》」が設置された。駅家には一定数の駅馬が配置され、国司の管下にある駅長がいて駅を管理した。

下野国を走る東山道は上野国境から足利駅家に至り、国府と那須郡衙（梅曽廃寺址。那須郡那珂川町）を通って陸奥国の白河関に至っていた。その間には、足利・三鴨・田部《たべ》・衣川《きぬがわ》・新田《にいた》・磐上・黒川の七駅があったが、多くの駅所在地は不詳である。当時の官道はほぼ真直ぐな直線道路で、両側には側溝が設けられ、幅員は一〇㍍《メートル》前後もあり、計画的に造成された道であることがわかっている。官道の管理や修繕は国司の重要な任務であったが、民情を無視して人工的に造られたため、律令国家の衰退で機能を失ってしまう。

三鴨駅家は東山道のルート上に置かれ、その推定地は江戸時代から三毳山《みかもやま》の東麓にある岩舟町下津原とされてきたが、最近は岩舟町新里周辺に比定する説が有力である。この付近には下野国分寺瓦や大慈寺瓦の出土する瓦窯跡《かわらがま》があり、下津原に隣接する岩舟町畳岡の畳岡廃寺跡からは「足利」「都可」「寒川」などの郡名を記した押印文字瓦が出土し、周辺にも奈良・平安時代の古瓦が散布している。三毳山は三つの峰が南北に流れるように秀麗な山容を有している。『万葉集』巻一四「東歌」に「下毛野《しもつけの》　美可母《みかも》の山の　小楢《こなら》のす　ま麗《ぐは》し児《こ》ろは　誰《た》が笥《け》か持たむ」（下野の三鴨の山の小楢のように美しい子はいったい誰の笥をもつのだろう〈誰の妻になるのだろうの意〉）と詠われ、南麓の三毳神社（藤岡町大田和）境内に歌碑が建っている。

コラム

将門の乱と下野国府

平将門は下総国猿島郡・豊田郡を中心に勢威を有した「兵《つわもの》」である。父の遺領をめぐり一族と私闘を繰り返していたが、天慶二年（九三九）、常陸介藤原維幾《これちか》（常陸国は親王任国のため、介が事実上の国守である）に抵抗する藤原玄明《はるあき》に味方して常陸に侵入し、十一月、国庁を攻略して印鎰《いんやく》（国印と倉の鍵）を奪った。将門の行動は、国家に対する公然たる叛乱であった。『将門記』によれば、将門は十二月十一日に下野国府を攻撃し、抵抗を受けることなく国府を占領した。折しも下野国では国守の交代期にあたり、新任の下野守藤原公雅《きみまさ》と前司大中臣定行《おおなかとみさだゆき》が国庁におり、二人は「先ず将門を再拝し、便ち《すなわ》印鎰を擎《ささ》げ、地に跪《ひざまず》いて授け奉」ったといわれる。印鎰は国政を司ることの象徴であった。

将門の乱を鎮圧したのが下野国押領使藤原秀郷《ひでさと》である。平安時代の東国は俘囚《ふしゅう》（蝦夷）や群盗の蜂起が絶えず、朝廷はこれらを鎮圧するために、武芸に優れた貴族を国司に任じて派遣した。彼らはそのまま土着して在地の有力者の娘婿となり、子孫は兵として勢威をふるった。鎌倉幕府が編纂した史書『吾妻鏡《あづまかがみ》』によれば、秀郷の曾祖父藤成が下野国の大介《おおすけ》（国司の二等官）となり、その子下野少掾《しょうじょう》（三等官）豊沢が押領使に任命されて国内の軍事・警察権を掌握して以来、その職務は子孫に継承された。秀郷も下野掾・押領使であった。秀郷の父村雄も下野史生《ししょう》（国衙の下級官吏）鳥取氏の娘を母に生れており、代々下野南部に居して勢力を扶植した。将門も秀郷も同じ兵であった。秀郷は乱鎮圧の功によって従四位下に叙された。将門の乱によって藤原公雅は解任され、翌三年正月の除目《じもく》で大江朝望が守に任ぜられたが、乱で混乱した国の再建には実力者の秀郷が必要と考えたのか、十一月に秀郷が国守に任命され、国庁の実権を握った。こうして、秀郷の子孫は広く関東一円に繁衍《はんえん》したが、その嫡流が小山氏である。小山氏は代々下野国の権大介職を継承し、在庁官人の筆頭として国庁を事実上支配した。当時の国守は「遙任《ようにん》」が一般的であったから、国衙機構（国守が不在なので、「留守所」という）は在地の有力者によって運営されたのである。

中世の国庁（府中）が惣社町にあったらしいことは前に述べたので、ここでは、小山朝政が寛喜二年（一二三〇）に嫡孫長村に与えた譲状を見ておこう。

譲状には、下野・武蔵・尾張・播磨の所領が見えており、下野国の分は、⑴権大介職、⑵寒河御厨《みくりや》、⑶国府郡内、⑷東武家郷、⑸中泉庄加納、である。

⑵の寒河御厨の割注には「号小山庄、重代屋敷也」とあり、小山氏の本領すなわち名字の地であり、小山市神鳥谷《ひととのや》には広大な居館の一部が残っている。寒河御厨と称したのは、朝政の父政光が平安末期に小山庄を後白河院に寄進し、さらに院から永万二年（一一六六）、伊勢内外宮に寄附されたからで、小山氏は代々地頭としてこの地を支配した。⑴の

権大介職は有力在庁であり、朝政が頼朝から下野守護に任ぜられた根拠もこの職を相伝したことによる。朝政の弟長沼宗政も御厩《みうまや》別当（国衙直属の牧の管理者）を相伝した在庁の一人である。馬は戦闘用としても贈与の対象としても価値が高く、牧を管理したことは小山一族にとって軍事・政治上大きな意味を持ったのである。

(3)の国府郡は①日向野郷（惣社町の小字）、②菅田郷（比定地未詳）、③蕗島《ふきしま》郷（比定地未詳）、④古国府（田村町の小字）、⑤大光寺（大光寺町）、⑥国分寺敷地（下野市国分寺）、⑦惣社敷地（惣社町）、⑧宮目社（田村町）、⑨大塚野（大塚町）からなっており、国庁周辺に立地する国衙領と国庁関係の寺社領を集積した広大な地域である。(4)の東武家郷と(5)の中泉庄加納は大平町に比定されており、国衙領の外縁に開発された私領である。

小山氏が国府域とその周辺を私領化し得たのは、在庁官人の筆頭として、さらに守護として国庁を支配下に置き、その権力をもって国府周辺の土地を囲い込み、開発していったからである。国府郡内には国庁を管理し、郡内の私領経営のための拠点である守護館が置かれていたことは疑いなかろうが、その場所は未詳である。

三、古代の寺院

古代における関東随一の大寺は下野薬師寺（下野市）である。天武天皇の時代に創建され、東大寺・筑紫観世音寺（福岡県）と並んで三戒壇《かいだん》のひとつとなり、関東八か国と陸奥・出羽二国の僧は薬師寺の戒壇院で受戒する決まりであった。その後、比叡山延暦寺に大乗戒壇が置かれると、十世紀頃には授戒を行う資格の僧侶もいなくなり、十一世紀末には東大寺の末寺となって、堂舎は「破壊顛倒《はかいてんとう》」という有様となった。

こうしたなか、平安初期の関東には仏教普及に尽力する多くの在野の僧が現れた。会津の慧《え》日寺《にちじ》を本拠に活動した徳一は最澄との教義をめぐる応酬で知られ、その足跡は現在も陸奥や常陸に残っている。日光を開いた勝道は空海に依頼し、「沙門勝道、山水を歴《へ》、玄珠を瑩《みが》くの碑並びに序」（二荒山の景観を称える碑文）を撰してもらっている。大慈寺を拠点に活動した道忠・広智は最澄の関東布教に協力し、初期天台教団の発展に大きな貢献をした。

(1) 東国天台教団と大慈寺

岩舟町小野寺にある大慈寺は、寺伝によれば、天平九年（七三七）に行基《ぎょうき》の開山とされるが、

初期の天台教団（最澄と道忠一門）

最澄──義真(1) 相模国丸子氏出身。

鑑真──道忠──円澄(2)［緑野寺］ 武蔵国壬生氏出身。

　　　　　└─広智［大慈寺］

　　　　　　　├─円仁(3) 下野国壬生氏出身。

　　　　　　　├─安慧(4) 河内国大狛氏。母は下野国丸子氏。下野国で誕生。

　　　　　　　└─徳円 下総国刑部氏の出身。

　　　　　　　　　├─円珍(5) 讃岐国佐伯氏の出身。

　　　　　　　　　├─惟首(6) 近江国の人。

　　　　　　　　　└─猷憲(7) 下野国の人。

※（）の数字は天台座主歴代

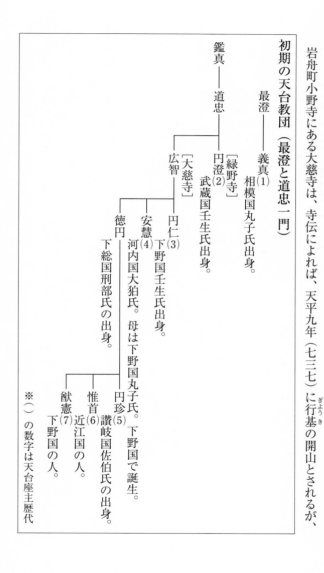

後世の付会であろう。大慈寺の二代とされるのが武蔵国出身の僧道忠である。道忠は鑑真のもとで律を学びその高弟となり、「持戒第一の弟子」と称される名僧であったが、関東に下り民衆の救済に努め、人びとから「東国の化主《けしゅ》」（徳の高い僧）と呼ばれたという。延暦十六年（七九七）、最澄（伝教大師）が比叡山に一切経を備えるため広く経巻の書写を呼び掛けたのに応じ、五、〇四八巻のうち二、〇〇〇余巻を書写し、翌年にその写経を比叡山に持参した。このときに同行した弟子がそのまま比叡山にとどまり、最澄の弟子となった。後の第二代天台座主円澄《えんちょう》である。

　その後の道忠は自ら創建した上野国緑野《みどの》寺（浄土院。群馬県藤岡市の浄法寺）で一切経の書写に努めたので、緑野寺には多くの一切経が保管されていた。朝廷はしばしば関東の国司に緑野寺の一切経を書写して上進することを命じており、空海も道忠の弟子広智に宛て、書写の協力を依頼している。

大慈寺相輪塔

　弘仁八年（八一七）、最澄は関東巡化《じゅんげ》（巡回して説教し教化すること）を行い、法華経二、〇〇〇部を書写し、大慈寺と緑野寺に宝塔（相輪樘《そうりんとう》）を建立して納経したが、そのときに中心となって助力したのが大慈寺第三世の広智である。後に比叡山で天台宗を修め、最澄から伝法灌頂《でんぽうかんじょう》の印信《いんじん》を授けられ、下野鎮国師となって関東に天台宗を広めた。

彼らは郡司など地域の有力豪族の子弟であり、当時の関東にはこうした階層に支えられた僧侶の集団があり、最澄の関東巡化を機に交流を深め、初期の天台教団を指導していくのである。虎関師錬《こかんしれん》著『元亨釈書《げんこうしやくしよ》』によれば、弘仁八年の宝塔落成の際、緑野寺に九万人、大慈寺に五万人もの人びとが集まったとあり、このとき、最澄は緑野寺で円澄・広智・徳円に胎蔵《たいぞう》・金剛《こんごう》両部の灌頂を授けた。大慈寺に置かれた宝塔には法華経一、〇〇〇部八、〇〇〇巻が安置された。道忠とその法流に繋がる僧侶と最澄（天台教団）との深い関係がわかる。

最澄没後の天台教団をまとめたのは、この道忠・広智の法脈につながる人びとであった。第二代天台座主《てんだいざす》円澄（修禅大師）は道忠の弟子であり、三代円仁（慈覚大師）、四代安慧《あんえ》は広智の弟子、五代円珍（智証大師）、六代惟首、七代猷憲は広智の門弟徳円の弟子である。

九世紀の大慈寺は現在と異なり広大な境内を有しており、村檜神社参道の脇に残る礎石も大慈寺の塔跡と推定されている。『一遍上人聖絵』によれば、弘仁二年（一二七九）の冬、一遍が奥州へ向かう途中、小野寺で激しい雨に降られ休息したが、その場面に大慈寺の朱塗りの楼門や廻廊・堂舎が描かれている。天正十四年（一五八六）に小田原北条氏の兵火に罹り堂宇の悉くが焼失したという。境内の青銅製相輪塔（栃木県指定文化財）は享保十年（一七二五）に再建したものである。現在は本堂・薬師堂・大師堂などがある。南斜面が大慈寺旧伽藍跡と呼ばれ、奈良時代から平安時代の古瓦が出土し、「大慈寺」の印を捺《お》す文字瓦も出土している。

(2) 慈覚大師の生誕地

円仁は平安京遷都の年、延暦十三年（七九四）の生まれ。はじめ大慈寺の広智に師事し、大同三年（八〇八）に広智に伴われて比叡山に登り、最澄の門に入った。弘仁七年（八一六）に東大寺で受戒している。翌八年の最澄の上野・下野巡化に従い、伝法灌頂《でんぽうかんじょう》を授けられ、このあと、徳円とともに大慈寺で円頓《えんどん》菩薩大戒も授けられた。承和五年（八三八）に遣唐大使に従って入唐《にっとう》し、揚州の開元寺で学んだ。翌年帰国する遣唐使船に乗船したが、漂流したため帰国できず、その後、五台山に登り、やがて長安に移住した。承和十四年に帰国し、仁寿四年（八五四）に天台座主となり、初期天台宗の発展に尽力して、貞観六年（八六四）に入寂するまで任にあった。貞観八年に慈覚大師の諡号《しごう》を追贈された。

平安時代の正史『日本三代実録』に載せる円仁の卒伝記事によれば、円仁は「俗姓《ぞくしょう》壬生氏、下野国都賀郡の人」とあり、父は大慈寺の「檀越《だんおつ》」とある。兄から外典《げてん》（経史）を学んだが、仏道を慕い、父の逝去後九歳のときに広智に託されたという。「壬生部《みぶべ》」は乳部《みぶべ》とも記すことがあるように、六世紀以降、大王家が皇子女の養育のために設けた部のことである。とくに関東豪族の勢力圏に楔を打ち込むように設定され、地方豪族が部民《べのたみ》を管掌し貢納物を徴収して納めたのである。この壬生部の管理者が壬生氏である。下都賀郡壬生町の地名もここから起こったのであろう。

平安後期に源英明が撰述した『慈覚大師伝』には、円仁の先祖は豊城入彦命《とよきいりひこのみこと》であると記す。『熊倉系図』は信憑性に疑問が出されているが、その記述は詳細である。それによれば、壬生氏は下毛野氏の祖奈良君《ならのきみ》の後裔とし、円仁の父首麻呂《おびとまろ》は都賀郡三鴨駅長であり、大慈寺厳堂（金堂）を建立したといい、兄秋主も外従七位下の位階を有し、秋主の孫宮雄は大慈寺の観音堂を建立したと記してかなり具体的である。鎌倉時代の仏教説話集である『私聚百因縁集《しじゆひやくいんねんしゆう》』巻七にも「俗姓三生氏《ぞくしょうみうし》」で「観賀部《みかほ》の関守《せきもり》子也」とある。「三生氏」は壬生氏、「観賀部」は三鴨、「関守」は駅長のことであろう。奈良君（別《わけ》）は『新《しん》撰姓氏録《せんしようじろく》』などに豊城入彦命の四世あるいは六世の孫として見え、子孫は下毛野君（朝臣）を名乗り、一族は下都賀郡壬生町から小山市飯塚の思川左岸流域に本拠を置き、ここに広大な墓域を残している。円仁の家系も下毛野氏の流れを汲んでいたのである。

高平寺別院（誕生寺）

これらの記録が正しければ、円仁は下毛野氏の子孫壬

生氏の出身であり、生家は大慈寺の庇護者であった。僧侶の道を歩んだ円仁が、鑑真の高弟道忠の遺跡《ゆいせき》を継いだ広智のいる大慈寺で、僧侶の第一歩を歩み始めたのは自然なことである。

円仁の生誕地については諸説あるが、いずれも伝承の域を出ない。承久の乱（一二二一）で佐渡に流された順徳上皇が配流地で撰述した『八雲御抄《やくもみしょう》』巻五に、「みかほの関」は「慈覚大師の誕生する所なり」と記す。『延喜式』巻二八には下野国駅馬の「三鴨」に「ミカホ」と傍注を付してあり、この「みかほの関」が三鴨の関であることがわかる。鎌倉時代には都賀郡三鴨が円仁の生誕地と伝えられていたのである。

江戸時代前期の公卿烏丸光行の『日光山紀行』のなかに、「盥窪《たらいくぼ》と云ふ所あり。慈覚大師生《うぶ》湯《ゆ》浴みたまふ故とかや」とある。三毳山の東麓にある岩舟町下津原の高平寺は円仁が九歳まで修行したと伝えられる古刹である。北五〇〇㍍の別院（誕生寺）境内には堂舎や産湯の井戸があり、地名を手洗窪《てあらいくぼ》といって円仁の出生地と伝えている。寺伝によれば、高平寺は元慶元年（八七七）に権大僧都宥栄が開山したという。江戸時代初期に天台宗から真言宗に転じ、足利市小俣の鶏足寺末となった。また、岩舟町上岡の実相院廃寺跡には円仁の母である「実相院殿尼公」と記した墓碑がある。

(3) 勝道上人と満願寺

勝道は奈良時代に日光を開山した名僧である。伝承では、父は下野国府の役人若田高藤介で、母は芳賀郡高岡郷の吉田氏の出であるという。子のないことを嘆いた高藤介夫妻が「伊豆留(出流)岩屋」の「千手霊像」に祈願し、勝道を授かったという。

満願寺本堂(大御堂)

華厳寺観音堂

勝道は二〇歳のとき、出流山に籠ること三年、さらに北にある劔ヶ峰で三年を送り、再び出流山に戻り修行した。天平宝字五年（七六一）に薬師寺で得度《とくど》し、五年間修行した後、再び劔ヶ峰の頂上に登り、そこから北の方向に霊峰（男体山）を望み、登頂しようと決意して日光に向かった。神護景雲元年（七六七）、大谷《だいや》川を渡り、四本龍寺を創建し、天応二年（七八二）に三度目の挑戦で登攀に成功した。

栃木市北部の山間地、出流町に天平神護元年（七六五）、勝道の開基と伝える満願寺がある。真言宗智山派に属し、出流山千手院と号す。本尊は十一面千手観音であり、坂東三十三観音第十七番札所である。山門（仁王門）を入ると、出流川の渓流に沿って本堂（大御堂。県指定文化財）・薬師堂・如蓮地蔵堂・聖天堂・奥之院行堂と続き、大悲の滝から石段を上った劔ヶ峰山腹に奥之院拝殿があり、鍾乳洞を奥之院と称している。窟内には本尊に似た高さ約三《メートル》の鍾乳石がある。高藤介夫妻が祈願したという霊像である。

古代の歴史は不詳だが、『蔗軒日録《しやけんにちろく》』文明十八年（一四八六）条に「下野国出《イヅル》観音」とある。元亀元年（一五七〇）に醍醐寺の僧尭雅《ぎようが》は東国・陸奥を巡歴し、九月、宝蓮寺（鍋山町）で印可を与え、翌年一月に出流に移り、別当坊で印可を授けた。天正五年（一五七七）八月、尭雅は再び出流山に来山して二〇〇余日在留し、この間、結縁水丁（灌頂）を行っている。江戸時代は醍醐寺無量寿院の末寺であり、寛永三年（一六二六）に三代将軍家光より出流村のうちに五〇石を認める朱印状を賜わった。境内に末寺四、門徒寺三があり、門前には宿屋が軒を連ね繁栄したという。元文五年（一七四〇）に堂塔の悉くを焼失し、本堂は明和元年（一七六四）に再建した。元治二年（一八六五）にも火災にかかるが本堂と山門は焼失を免れた。

○華厳寺

都賀町木にあった華厳寺は近世には金堂・観音堂や僧坊が立ち並ぶ大寺であった。明治の廃仏毀釈で廃寺となり、明治五年（一八七二）に全山焼亡した。観音堂は明治二年に木西の村民によって移転されたので焼失を免れ、平成十二年、聖地公園に再移転されている。

空海が勝道の求めに応じて記した『沙門勝道、山水を歴《へ》て玄珠を瑩《みが》く碑并に序』に「華厳精舎を都賀郡城山に建立す」と見える城《き》山が当地とされ、出井山の東麓から中腹にかけて礎石の一部が残っている。嘉永三年（一八五〇）に書かれた『下野国誌』に「都賀郡木村にあり。本尊十一面観世音、勝道上人の作にて、木山の頂にたてり。但し寺より八丁許《ばかり》登りなり。また境内に八幡宮を鎮めまつる。（中略）筑波山護持院末にて真言宗の檀林なり」とある。伝承では、勝道の父高藤介が居したところで、代々の墳墓の地であるという。

四、古代の神社

古代の律令国家が公認した神社が「官社」である。官社は陰暦二月の祈年祭（一年の豊穣を祈願する祭り）に神祇官《じんぎかん》から幣帛《へいはく》（神への捧げもの）を授けられた。平安時代には、神祇官から直接幣帛を受ける神社と所在地の国から幣帛を受ける神社に分けられ、前者を官幣社、後者を国幣社と呼ぶようになった。

官社を記録登載した名簿が神名帳《じんみようちよう》である。延長五年（九二七）に撰進された『延喜式《えんぎしき》』の巻九・一〇に掲載されているので、「式内社」ともいう。つまり、式内社とは『延喜式』編纂段階で律令国家から官社に認定された神社のことである。その数は神社が二、八六一、座数が三、一三二である。「座」は神を数える単位、「神社」は「カミノヤシロ」と訓じ、神を祀る施設である。座数が神社数より多いのは一社に複数の神が鎮座することがあるからである。下野国は一一座、一一社なので、すべて一社に一座である。都賀郡の大神神社《おおみわじんじや》・大前神社《おおまえじんじや》・村檜神社《むらひじんじや》は市内に伝承地がある。

奈良・平安時代に律令国家が編纂した六国史《りつこくし》（『日本書紀』『続日本紀』『日本後紀』『続日本

後紀』『文徳天皇実録』『日本三代実録』）に記載された神社が「国史現在社」である。『延喜式』神名帳に記載された式内社と重複書出する神社もあり、神名帳に記載がなく六国史にのみ記載があるものをこう呼ぶのが慣例である。明治維新後、古社尊重の方針から式内社とともに重視された。下野国は『日本三代実録』に三社が掲載され、「綾都比神」が市内に伝承地がある。

大前神社

○大神神社（惣社町）

主祭神は倭大物主櫛瓺玉尊《やまとおおものぬしくしみかたまのみこと》、配神は大山咋神《おおやまくいのかみ》・木花咲耶姫命《このはなさくやひめのみこと》・瓊々杵命《ににぎのみこと》・彦火々出見命《ひこほほでみのみこと》である。『壬生領史略』に大山祇神《おおやまづみがみ》・木花佐久屋姫、『下野国誌』に木花開耶姫、享保十八年（一七三三）の桑原弘雄著『神名帳考證』は大己貴命《おおなむちのみこと》とある。明治末年の祭神は現祭神の五柱（大山咋神は大山祇命とある）に倉稲魂《うがのみたまの》命《みこと》・伊弉諾命《いざなぎのみこと》・伊弉冉命《いざなみのみこと》を加えた八神である。現在の祭神に一定するまでに様々な変遷があったことになる。

社伝では崇神天皇四十八年に豊城入彦命が勅を奉じて東国治定に赴いた際、当地に社殿を造営したのに始まるという。惣社村の草分け百姓大橋・国保・野中・長らは、このときに大和三輪山の分霊に随伴して土着したと伝えている。天正十二年（一五八四）、北条氏直と皆川広照の戦で社殿が焼失したので社運は衰退した。寛永十七年（一六四〇）四月、徳川家光は日光社参の帰途「室八島」に参詣し、頽廃を憂いて社領三〇石を寄進して、老中酒井雅楽頭に社殿造営を命じた。「おくの細道」を旅した芭蕉が参詣したことでも知られている。当地は小倉川（思川）の扇状地で多くの湧水があり、煙立つ「室の八島」は多くの和歌に詠われ、勅撰和歌集にも収められている。境内の一区画に八つの小島のある空堀状の池があり、各々小祠を祀っている。境内地の小字も室八島というが、これが平安時代の室の八島と同じとは到底考えられない。

近世の社人は大宮司（国保）・神主（野中）・祝部（大橋）など社家が八家、別当は真言宗勝光寺末の八島山西光寺（国府村。廃寺）支配下の神宮寺である。明治五年（一八七二）に郷社となり、四十四年県社に列格した。

○ **大前神社**（藤岡町大前）

主祭神は大穴牟遅命《おおなむちのみこと》、配神は神日本磐余彦命《かむやまといわれひこのみこと》（神武天皇）・彦火々出見命である。『下野国誌』は「大名持ノ命」とし、現在と同じである。『神名帳考證』には豊城入彦命とある。明治末年には具平親王・阿保親王・貞純親王を祭神とするが、これは明治四十年に合祀した三王神社の祭神である。神名帳は「オオサキ」と訓じるが、現社名は「オオマエ神社」である。鎮座地の大崎村は明治六年（一八七三）に大前《おおまえ》村となり、社名も「オオマエ」となったのである。

社伝では、天慶二年（九三九）に平将門の乱で社殿を焼失したが、間もなく再建されたという。室町時代に荒廃したが、元和年間（一六一五～二四）に大崎村が古河藩領となると、藩主永井直勝が社領を寄進し保護を加えたので、社運は回復した。近世には「大前大明神」と号し、別当は真言宗勝光院（廃寺）である。明治五年（一八七二）十月に郷社に列した。

明治三年に北約四〇〇メートルの小字北前から現在地に移転された。現社殿は前方後円墳の後円部を削平して建てられている。当地は赤麻沼北岸にあり、大崎の地名は赤麻沼に突出した場所を意味しており、社名も地形に因むものであろう。付近に古東京湾最奥の貝塚篠山貝塚や山王寺大舛塚古墳・東赤麻塚古墳などの大型古墳がある。この地には古代から中世の踏鞴《たたら》跡があり、今も境内から鉄

村檜神社

滓が出土する。『倭名類聚抄』に載せる寒川郡池辺郷は赤麻沼北辺に比定されており、『延喜式』兵部省諸国馬牛牧の「朱馬《あかま》馬牧」も赤麻沼北岸に比定する説が有力である。式内社の鎮座地にふさわしい。

○ **村檜神社**（岩舟町小野寺）

主祭神は誉田別命《ほんだわけのみこと》（応神天皇）、配神は熊野大神・大山咋命である。明治四年の『古河県神

社巨細取調帳』には「村檜神」は「熊野大神・日枝大神」の相殿に祀られていたとある。

社伝では、大化二年（六四六）に熊野大神・大山咋命を勧請したのが濫觴とされ、中世には小野寺郷の惣鎮守であったという。大同二年（八〇七）に皆川荘小野口の八幡宮を合祀したともいう。『下野国誌』は、藤原秀郷が佐野唐沢山に築城したときに、鬼門にあたることから城中鎮護のために建立し、その後、佐野家が代々修復を加えたとある。明治五年に郷社に列格した。本殿は天文二十二年（一五五三）に再建したものであり、国指定重要文化財となっている。

小野寺保七ヶ村は『小野寺文書』に「小野寺守藤禅師法師義寛以来、重代相伝所領也」とあり、鎌倉御家人小野寺氏の相伝の地であった。小野寺保は平安末期に成立し、保内には奈良時代創建の大寺天台宗大慈寺がある。大慈寺は小野寺とも呼ばれており、小野にある寺の意であろう。古代、この地に小野姓を名乗る豪族がおり、村檜神社を奉祀していたのであろうか。

近世は「八幡宮」と号し、八幡山の山腹に鎮座していた。明和五年（一七六八）の小野寺村書上にも八幡宮とあり、「神主　寺内小弥太、社人　江田勘太夫」とある。式内社村檜神社が当社であるという確かな根拠があるわけではない。

○綾津比神社（都賀町大橋）

綾《あや》都《つ》比神《ひのかみ》は『日本三代実録』元慶三年（八七九）三月九日条に、正六位上から従五位下に昇叙したとある。『下野国誌』に「綾津日八幡宮」は「都賀郡大橋村にあり。神主川津藤大夫と云。祭神大綾津日の神なり。相殿には八幡宮を祀れり」と記し、大橋鎮座の「八幡宮」を綾都比神社としている。社伝では、天保七年（一八三六）、大橋地内の八幡坪から現在地の字古嶺に遷座したという。川津家文書の文政九年（一八二六）の記録に「下野国都賀郡大橋村綾都比神主正八幡宮守護宰執　川津哥之輔」とあり、大橋村の名主川津家が神主を世襲してきた。

八幡宮の東を赤津川が南流し、左岸の都賀町木に墳丘長約五〇メートル《メートル》の前方後円墳愛宕塚古墳や五基以上の小円墳が残っている。木には勝道が創建したという「祇園精舎」（華厳寺）があり、遺構とされる礎石が現存している。平安時代は周辺に木村保・戸矢子保という東大寺の荘園があり、古くから開拓されていたことがうかがえる。

なお、『下都賀郡神社明細帳』には、晃石《てるいし》神社（大平町西山田）も「上古、綾津神と称す」との伝承を載せているが、詳細は不明である。

Ⅲ　中世編

皆川城遠景

一、皆川氏の歴史と城館址

(1) 皆川氏のおこり

皆川氏の名字の地皆河荘は皇室領荘園である。順徳上皇の皇女大谷姫宮家領であったが、嘉禄年中（一二二五〜二八）、二品尊性法親王《にほんそんしょうほっしんのう》（後高倉院皇子）に譲与されて以降、青蓮院門跡《しょうれんいんもんぜき》領となった。荘官（地頭）は明確ではないが、鎌倉幕府の記録である『吾妻鏡』に見える「皆河四郎」の可能性がある。源頼朝が出御する際の随兵役《ずいひょうやく》に名が見え、幕府御家人である。この皆河氏はやがて滅びたようで、皆河荘の本所順徳院が承久の乱で佐渡に配流され、皆河氏も朝廷方の軍勢に加わり、滅亡したのであろうか。

その跡に皆河荘に入部したのが長沼氏の分流とされる皆河氏である。長沼氏の始祖五郎宗政は下野大掾小山政光の子息であり、長兄が小山小四郎朝政、末弟が結城七郎朝光である。三人とも鎌倉幕府の「宿老」といわれた有力御家人である。寛喜二年（一二三〇）に宗政が嫡男時宗に与えた譲状によれば、長沼氏は本領長沼荘（真岡市）のほかに、小薬郷（小山市）や下野国御厩《みうまや》別当職、また陸奥国南山（長江荘）や美濃国（三ヶ所）・美作国・備後国・武蔵国に所領を有しており、淡路国守護職も兼帯し、京都と鎌倉にも屋敷地を所有していた。

この時宗の子に皆河弥四郎宗員と笘室七郎時村がいる。弥四郎宗員は『吾妻鏡』に時宗の「子息弥四郎」と所見し、『長沼系図』に「都賀郡皆川領を領す」とある。時村は系図類にしか名が見えないが、同じ系図に「皆川荘笘ノ室郷を領す」とある。「笘室」は市内に箱森町の地名を残しており、小字御辺《ごへん》に館跡がある。東西一五〇メートル、南北九〇メートル、土塁と堀で囲繞された単郭式平城で、中世前期の型式をよく残している。皆河氏は幕府御家人であったが、宗常が元亨三年（一三二三）に北条高時に背き生害し、滅亡したという。

南北朝時代になると、皆河荘は両勢力の争奪の舞台となり、延元元年（一三三六）五月、南朝方の大河戸下総権守に与えられ、十月には足利方の武将上杉憲顕が闕所地を預けられた。また応永二年（一三九五）には「皆河荘半分」が上杉朝宗に安堵されており、皆河荘は皆河氏以外の武士によって支配されたのである。

(2) 皆川広照の父祖

長沼氏の流れを汲む一族に、鎌倉末期に滅びた皆河氏とは別系統の皆川氏がいた。享徳の乱（一四五二～五）で長沼次郎が古河公方足利成氏《しげうじ》に従っているが、この人物が秀宗である。秀

皆川氏略系図

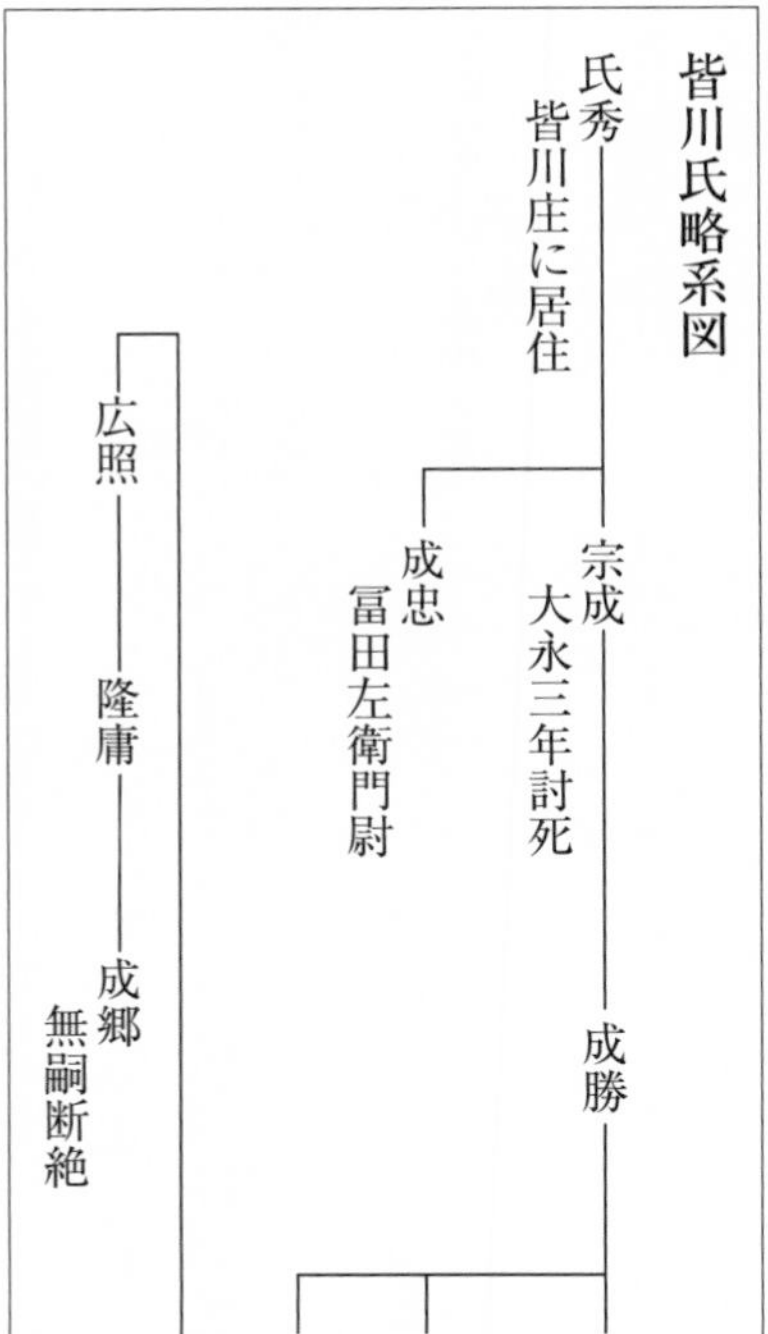

宗の子息氏秀は『皆川系図』に「始め白岩に住し、其の後皆川に居住」と註され、居城のあった長江荘（長沼宗政が奥州合戦の軍功で頼朝から給与された。福島県南会津郡）の白岩から皆川荘に移住した人物といわれ、『重興皆川系図』にも「皆川庄五十余郷を領す」と見えている。

十六世紀初頭に起きた古河公方家の内紛（古河公方政氏と嫡子高基の争い）で、政氏の与党に「皆河」が見える。この人物は政氏の偏諱《へんき》を賜わり、民部大輔の官途を得た氏秀であろう。政氏が没落すると、皆川氏（長沼氏）は高基に従った。この間、皆川氏は小山氏と軍事行動を共にしており、皆川氏は地域の権力者小山氏の支援を得て、皆河荘に進出し勢力を拡大したのであろうか。氏秀の子が宗成であり、『皆川系図』は初めて「皆川」を名乗ったと記している。

宗成の弟成忠は富田左衛門尉を号し、富田城に居して皆川領の南部を守ったという。

大永三年（一五二三）十一月、皆川氏は都賀郡河原田（川原田町）で宇都宮忠綱の軍勢と戦い、宗成と成明兄弟が討死を遂げたという。この合戦は系図や軍記類に記されるのみで、確たる史料には見えない。この時期、下野国内では結城・小山氏と宇都宮氏の二大勢力が対峙しており、八月には猿山（宇都宮市）で両軍が衝突し、宇都宮勢は大敗を喫した。したがって、結城方の皆川氏と宇都宮勢が河原田で合戦をした可能性は大きい。この戦場が後に「合戦場」（都賀町合戦場）と呼ばれるようになった。合戦場の北の都賀町升塚には、基壇が一二間（二一・六メートル）、高さが二間（三・六メートル）の「升塚」と呼ばれる三段方形の塚がある。河原田合戦後、宗成の子成勝が敵味方を問わずに戦死者を埋葬・供養し、かたわらに普門寺を建立したという。普門寺は近世には如意輪寺（大宮町）の末寺であったが、明治の神仏分離で廃寺となった。

升塚

宇都宮忠綱の子俊綱が結城・小山氏と和睦すると、皆川氏は宇都宮氏との関係を修復し、天文七年（一五三八）、宇都宮大明神（二荒《ふたあらやま》山神社）の神宮寺で行われた能・狂言に、俊綱の求めに応じて「小袖・刀等」を貸出している。その後も皆川氏は宇都宮氏に従い、同盟者として忠勤を励んでいる。永禄三年（一五六〇）に長尾景虎（上杉謙信）が関東に出馬し、北条氏康と戦った際、上杉方の武将名を記した「関東幕注文」に「宇都宮へ寄衆」として、皆川山城守（俊宗）と親類の皆川駿河守（成忠の子忠宗ヵ）・又五郎・刑部太輔、家風（家臣）の膝付式部少輔・長沼玄蕃允・殖竹雅楽助の名がみえている。

元亀二年（一五七一）に北条氏康が亡くなると、跡を嗣いだ氏政は武田信玄と同盟を結び、勢力を北上させて下野へ軍事的圧力を強めた。こうしたなか、俊宗・広勝父子は北条氏に味方して反北条の宇都宮氏を離反し、翌三年、宇都宮領に侵攻した。宇都宮広綱は常陸の佐竹義重や小山・結城・那須らの支援を得て皆川領に攻め入った。同四年、皆川氏は深沢城（都賀町深沢）・南摩城（鹿沼市）を始め支城一一城を攻略され、本城の皆川城も危機に陥ったが、北条氏政が後詰《ごづめ》として出陣したので難を逃れることができた。同年、下野南部では北条方と佐竹・宇都宮勢との間に激戦があり、俊宗は壬生氏とともに反北条方の小山城を攻め粟志川で討死したという。

(3) 皆川広照

天正四年（一五七六）に兄広勝が早世したので、弟の広照が家督を嗣いだ。広照は六年に北条氏が擁立した古河公方足利義氏に年賀の献上品を贈り、父と同じ「山城守」の受領名を与えられた。この頃、北関東では佐竹義重が中心となって、宇都宮・那須・結城氏などが結集して北条氏に対抗するようになる。この情勢を受け、広照は織田信長や徳川家康との関係を持とうとし、天正九年（一五八一）に信長に馬三疋を献上して誼を通じた。このとき、広照の使者をつとめたのが「ミな川おぢ坊主智しやく院」である。智積院玄宥は皆川氏の支城吹上城を守備する滕附又太郎宗長（広照の叔父）の子である。玄宥は慶長六年（一六〇一）に徳川家康の援助を得て、京都東山に智積院《ちしやくいん》を再興し、初代化主《けしゆ》（住職）となっている。

北条氏は信長の死（本能寺の変）、秀吉と家康の対立（小牧・長久手の戦）と講和など、中央の混乱の間隙をぬって、再び北関東への侵攻を強化する。これに対し、広照は徳川氏に与力して北条氏と対立した。北条氏直が天正十二年の夏から皆川・佐野領に出陣すると、佐竹・宇都宮・佐野・長尾・皆川氏は沼尻（藤岡町都賀）で対峙した。一時は広照が守備していた岩舟山が攻略されたが、北条方が長陣の不利を考えて、家康の調停を受け入れて和睦が成立した。しかし、その後も北条氏の下野侵攻は続き、佐野氏も北条一族の氏忠を養子に迎えてその軍門に下った。北条氏の圧力が日ごとに強まるなか、天正十四年に広照は再び北条氏に臣従し、北条氏政の養女を妻に迎えた。その一方で、広照は家康との良好な関係を維持していた。

天正十八年三月、豊臣秀吉は北条氏を討伐するため京都を出発して翌月に小田原城を包囲し、関東各地の北条氏に味方した城郭の撃破を命じた。広照は一〇〇人余の家臣を率いて小田原城に籠城していたが、圧倒的な豊臣勢を前に城を出て秀吉に降伏した。この間、皆川城は秀吉方の武将上杉景勝・浅野長吉らによって落城し、多くの戦死者を出した。

助命された広照は徳川家康に預け置かれ、家康の関東入封によって皆川領一万三、〇〇〇石を安堵され、その指揮下に入った。広照は慶長五年（一六〇〇）、関ヶ原合戦の前哨戦となる上杉景勝攻めに、家康の命で子の隆庸とともに大田原城（大田原市）の加勢に派遣され、鍋掛村（那須塩原市）に陣した。その後、隆庸は徳川秀忠に従って中山道を西上した。

慶長六年正月に広照は家康の推挙で従四位下に叙せられ、家康の六男松平忠輝の傅役《ふ》（養育係）を命じられ、同八年、忠輝が北信濃四郡一四万石を与えられ信濃川中島城主となると、忠輝の与力大名として同国飯山城主となり、四万石を加増された。しかし、広照父子は忠輝家臣団内部の抗争に巻き込まれ、慶長十四年に改易された。

元和九年（一六二三）五月、二人は二代将軍秀忠によって罪を許されて復権し、十二月家光から広照は常陸府中（茨城県石岡市）に一万石、隆庸は同国行方郡に五、〇〇〇石を与えられた。広照は寛永二年（一六二五）に隠居し、同四年十二月に死去した。享年八〇歳という。広照の跡は隆庸《たかつね》が継ぎ、常陸府中藩一万五、〇〇〇石の藩主となった。隆庸はその後、大番頭（江戸城を守衛する大番組の長）となったが、大坂城を守衛中の正保二年（一六四五）二月に六五歳で没した。三代藩主には隆庸の子成郷《なりさと》が就任したが、間もなく急逝したので無嗣断絶となった。その後、皆川氏は成郷の弟秀隆・成之が旗本として徳川家に仕え、明治維新を迎えた。

(4) 皆川氏の城館址

天正十八年（一五九〇）、豊臣秀吉の小田原攻めに際し、北条方と豊臣方の関東の城主名・城名・軍兵数を記した「北条家人数覚書」によれば、下野国最大の大名は豊臣方の宇都宮国綱であり、「宇津の宮城・もうかのしろ（真岡城）・上みの川の城（上三川城）・川崎の城・増子之城（益子城）・笠間之城　以上三千き（騎）」と見えている。ついで同じ豊臣方の那須高資が「からす山城（烏山城）・千穂之城（千本城）・大田原の城・柵山の城（佐久山城）以上千五百き」とある。北条方には、壬生中務が「みふの城（壬生城）・かのまの城（鹿沼城）・日光山　三ヶ所　千五百騎」とあり、皆川広照は「皆川の城・とちき（栃木）・とみたの城（富田城）・なんまの城（南摩城）四ヶ所　千騎」と見えている。戦国時代の皆川氏は東と北を壬生氏、南を小山氏、西を佐野氏と境を接し、南摩城は皆川領の北部、栃木城は東部、富田城は南部、本拠の皆川城は西部を守る拠点とし、一、〇〇〇騎程度の動員力があったのである。

天正元年、広照の父俊宗は深沢城（都賀町深沢）を始め、支城一一城を宇都宮国綱によって攻略され、小山で討死した。皆川領内には数キロごとに多くの城郭が置かれており、各城が連携して侵入する敵と戦ったのである。

○神楽岡城と布袋岡城

皆川氏が宇都宮氏や壬生氏に対抗する北部拠点として築城したのが神楽岡城（富張城）と布袋岡《ほていがおか》城（要害山城）である。

神楽岡城（都賀町富張）は、標高一〇三メートル、比高三〇メートルの平山城である。東西が二八〇メートル、南北が六三〇メートルあり、東側が低湿地となっており、西側を赤津川が流れる要害の地である。本丸Ⅰは東西一〇六メートル、南北九〇メートルで、三方を幅一三メートル前後、深さ三～五メートルの空堀が囲繞し、東は本丸の下を犬走りが走り、その下は急傾斜となり山麓に至っている。大手口Aの東にある曲《くる》輪《わ》Ⅱには旧村社三の宮神社が鎮座している。搦手口はBであり、曲輪Ⅲには「愛宕神社跡」の石碑がある。城の北部は東北自動車道の工事によって一部が破壊されている。居館のあった西側の平地は赤津川の流路変更や耕地整理のため、旧状を復元するのは難しい。富張の地名は「遠見張」の転訛であるという。

布袋岡城（都賀町深沢）は標高一八四メートル、比高九〇メートルの要害山頂にあり、東西が五〇〇メートル、南北が二〇〇メートルにおよぶ連郭式山城である。山頂から標高九五メートルの根小屋まで多くの曲輪が階段状に残存している、本丸Ⅰは、標高一四〇メートルにあり、東西が六四メートル、南北が三五メートルある。二の丸に相当するのがⅡであろう。標高一一〇メートルにあり、東西が六三メートル、南北が四八メートルある。山頂部にある曲輪Ⅲは『両毛文庫栃木通鑑』が記すように物見櫓であろう。居館は東麓と南麓にあるが、Ⅳがその中心であろう。城の北は急傾斜の谷になっており、さらに土塁と堀を設けて

神 楽 岡 城 址

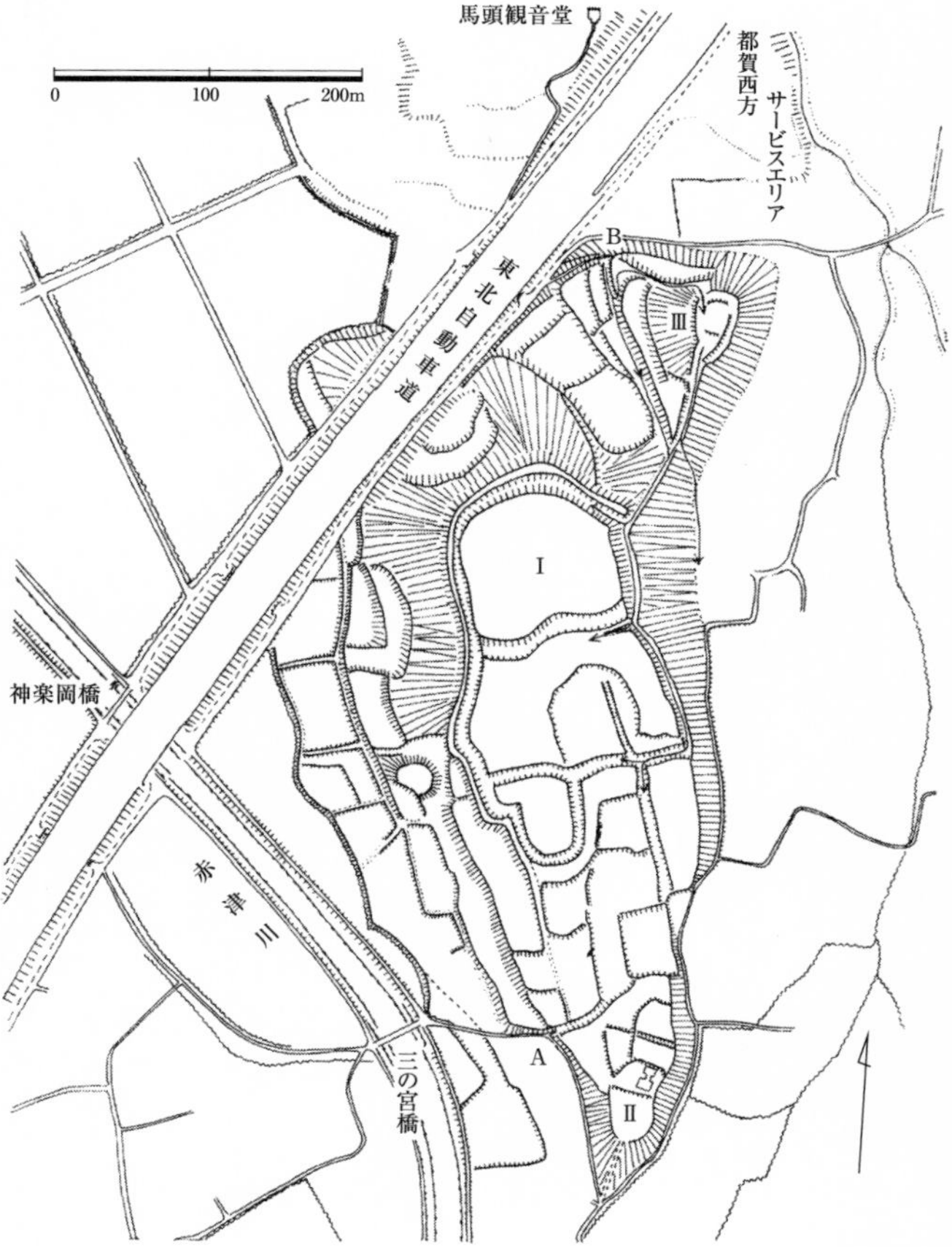
馬頭観音堂
0
100
200m
都賀西方
サービスエリア
B
東北自動車道
Ⅲ
Ⅰ
神楽岡橋
赤津川
A
二の宮橋
Ⅱ

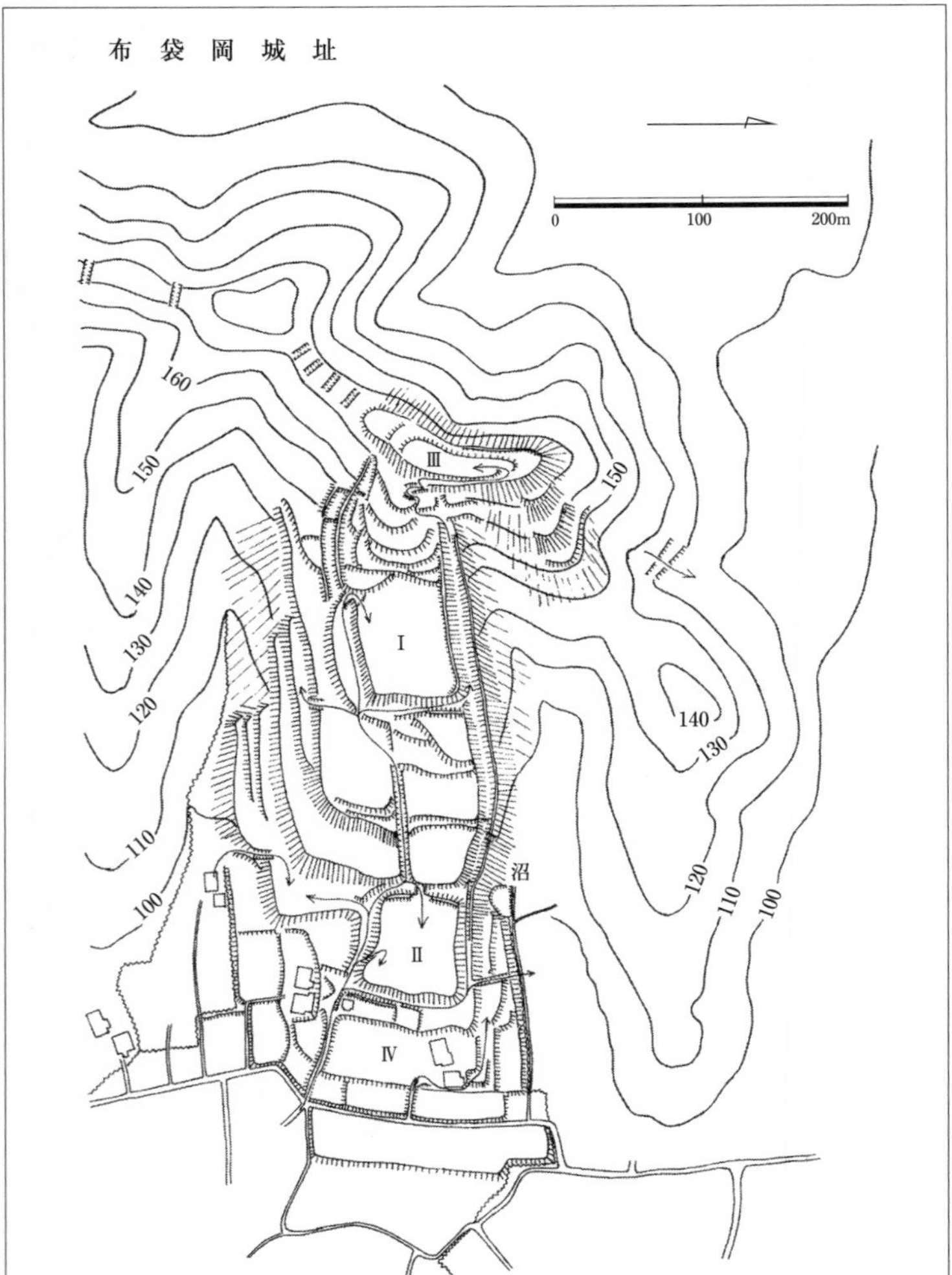
布袋岡城址
0
100
200m
160
150
140
130
120
110
100
Ⅲ
150
Ⅰ
140
130
120
110
100
沼
Ⅱ
Ⅳ

いる。南側は六～七段の帯曲輪《おびくるわ》が取り巻き、場所によっては一〇メートルを超える急傾斜になっている。大掛かりで複雑な構造をしており、皆川氏にとって布袋岡城の重要性を伺うことができる。

布袋岡城は逆川と赤津川を挟んで、北方にはほぼ三キロを隔て宇都宮氏の支城西方城（西方町本城）と真名子城（西方町真名子）があり、本城と対峙している。布袋岡城は東二キロにある神楽岡城と一体となり、宇都宮氏や西方氏に備えたのであろう。『皆川正中録』によれば、天正十六年（一五八八）に反北条方の宇都宮国綱の猛攻を受けて落城したという。山麓にある建幢《けんどう》寺《じ》の寺名は皆川成勝の法名「建幢勝公禅定門」に因んだものであろう。

○富田城と榎本城

富田城は皆川氏秀の庶子成忠《しげただ》が築城し、以来、皆川領の南部を守る拠点であったといわれるが、この見方には疑問がある。当城の北東四キロにある榎本城（大平町榎本・真弓）と富田城（大平町富田）は小山氏にかかわる城郭である可能性がある。両城とも西南隅に牛頭天王《ごずてんのう》を祀って城の守護神としており、現在も八坂神社が鎮座している。小山氏の祇園信仰は平安後期、政光・朝政父子に始まり、以降、小山氏の居城には牛頭天王を祀る伝統がある（この点、後述）。

両城は中世に中泉荘（西御荘）と呼ばれる小山氏の相伝所領のなかにあり、戦国時代、この地は小山・皆川・佐野氏らの勢力の境目にあった。伝承では、富田城は弘治三年（一五五七）に皆川俊宗によって占領され、以後、皆川氏の支城として南方防禦の拠点として重視されたという。榎本城は永禄三年（一五六〇）、反北条で親上杉氏の小山高朝が隠居後に居城し、祇園城の子秀綱を支えたといわれる。戦国時代の小山氏は小山領と榎本領を支配する小大名に過ぎなかったが、天正四年（一五七六）十二月、北条勢の猛攻によって祇園城と榎本城は落城した。榎本城を守っていた秀綱の弟高綱はこの戦で戦死したという。これにより、小山・榎本領は北条氏康の子氏照の支配下にはいった。やがて秀綱は北条氏に降伏して祇園城に復帰したが、榎本城は氏照の家臣近藤綱秀が入城し、榎本領を統治した。

○**川連城**（大平町川連・片柳町）

川連仲利が築城したといわれ、永禄六年（一五六三）に皆川俊宗によって占領され、以後は皆川氏の支城として重要な拠点となった。

当城は東西四二五メートル、南北四七五メートルの広大な平城である。城は複郭式であり、本丸を取り巻くように二の丸、三の丸が配されていた。本丸は小字城ノ内にあり、東西六八メートル、南北六三メートルの方形で、周囲を空堀が廻り、土橋でもって二の丸と結ばれていた。そのほかの堀は永野川の水を引き込んだ水堀で、周辺も湿田という堅固な構えであった。往時の永野川は城址の北西隅に接するように流れており、南西隅部でも城址と接していた。この古永野川に囲まれていた場所を小字西城といい、ここも城域であった可能性がある。城址の北東隅に東宮神社の石祠が祀られ、皆川氏の支城であった名残りをとどめている。城址はJR両毛線や栃木環状線の貫通、開田や住宅化によって破壊されたので復元は難しい。現存する遺構は、栃木環状線に接する土塁A（墓地となっている）とB（「少講義高岩秀行報徳碑」が建っている）の二か所である。

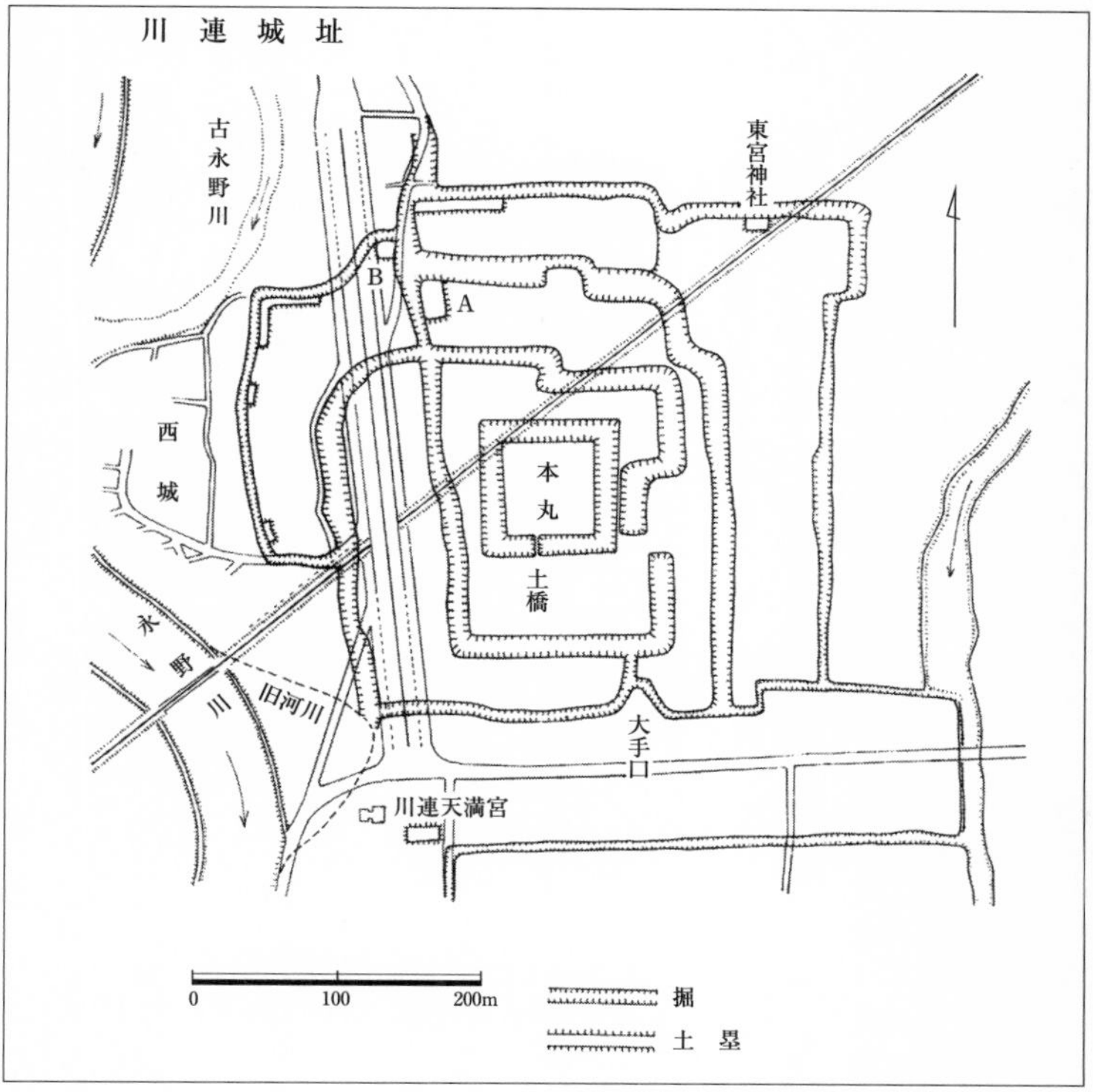
川　連　城　址
古永野川
東宮神社
B
A
西城
本丸
土橋
永野川
旧河川
大手口
川連天満宮
0
100
200m
掘
土　塁

○**皆川城**（皆川城内町）

皆川城は南の山麓を栃木郷と小野寺保を結ぶ街道が走り、東方を永野川によって遮断された要害の地である。戦国時代の皆川氏は永野川を越えた肥沃な平野部を勢力圏としており、この奥まった小高い独立丘陵上に本拠を置いたかは不詳であるが、防禦的側面が強いことがわかる。

当城は外堀までが東西八八〇メートル、南北六〇〇メートルあり、城山の部分だけでも東西四五〇メートル、南北三一〇メートルある。本丸Ⅰは標高一四七メートル、比高八〇メートルの城山の山頂にあり、規模は東西一七メートル、南北三六メートルである。西丸にあたるのが本丸の西方一五〇メートルにあるⅡで、標高一二八メートルの観音山の山頂にある。Ⅰ・Ⅱ曲輪は東西七五メートル、南北四一メートルのお花畑Ⅲによって結ばれている。またⅠ・Ⅱ曲輪の東西線の北側東寄りに、Ｌ字形の曲輪Ⅳが地形を巧みに利用して構築されている。このⅠ・Ⅱ・Ⅳの三つの曲輪を中心にして、山麓をめざして多くの帯曲輪が四段から七段にわたって取り巻いている。その形状が法螺貝《ほらがい》に似ているところから法螺貝城とも呼ばれている。

城山の南麓には、Ａ・Ｂ・Ｃの主要館址が東西に並んでいる。このうち最も重要なのはおそらくＢで、城主の平常の居館であろう。東西一二四メートル、南北八七メートルあり、栃木市役所皆川出張所や運動場となっている。ＢとＣの間にも一ないし二つの曲輪があったものと思われる。大手口はａで、搦手はｂであろう。さらに東口ｃ、西口ｄなどもあった。伝承によれば、搦手門は皆川城が廃城となったのち、大平町西山田の大中寺山門として移築されたといわれている。

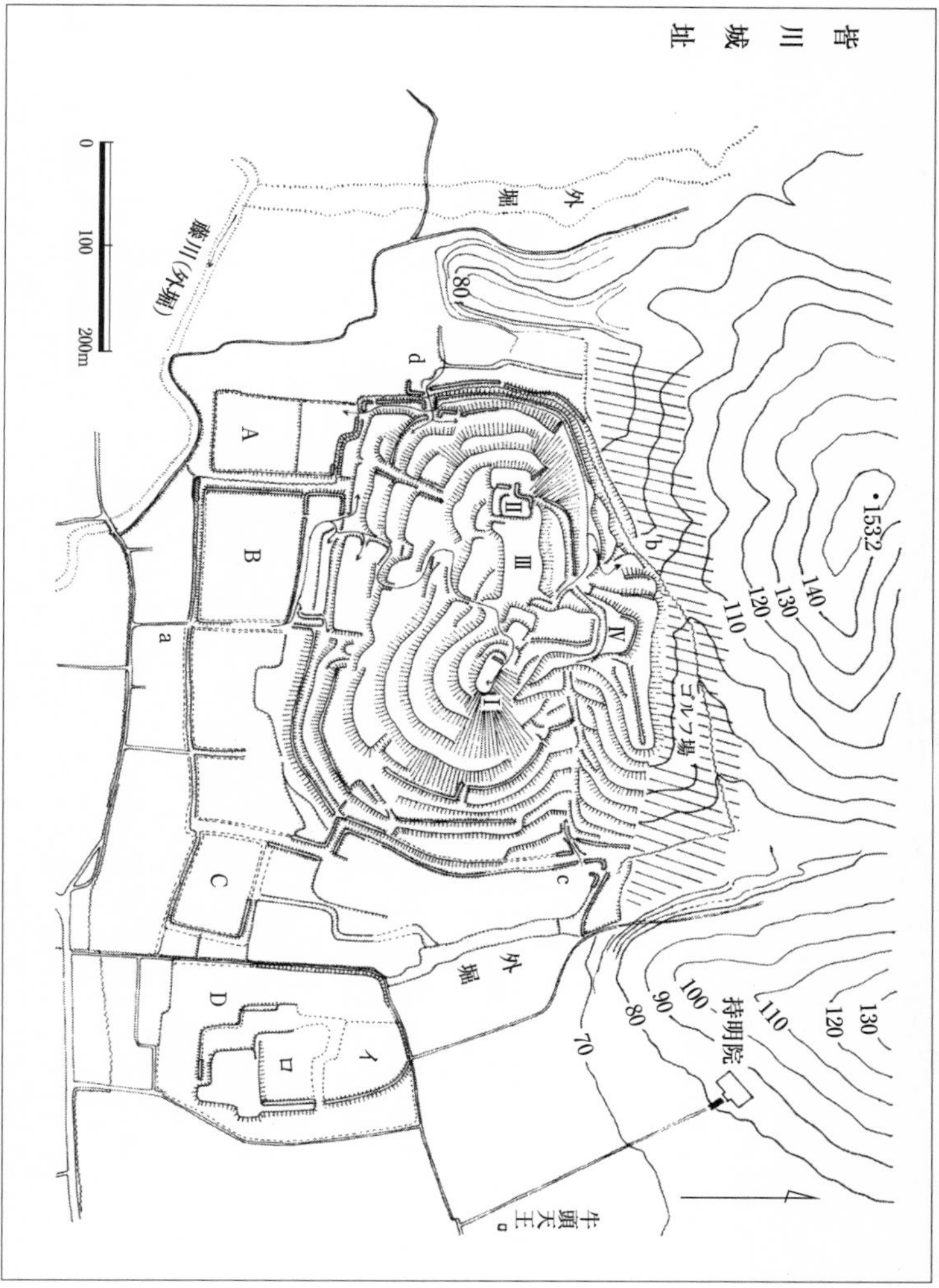
皆川城址
外堀
藤川(外堀)
ゴルフ場
持明院
牛頭天王
0
100
200m
•153.2

次にDは小字名が荒宿、俗に白山台といわれる比高八～一三メートルの台地にある。白山台の名称は白山神社が鎮座したことに由来するという。現在、台地は崩されて畑になっているが、かつてはイとロの二つの曲輪からなり、ロが数メートル高かった。復元は困難であるが、現在は曲輪イの東側の土塁と、曲輪ロの大手部の土塁の一部が残っている。一説に白山台は皆川宗員の築城と伝え、北東の方角二〇〇メートルに鎮座する牛頭天王の石祠は宗員築城時のものかも知れない。

東宮城は標高六八メートル、比高八メートルの台地、小字鳥居戸にある複郭式の城である。東西が二〇〇メートル、南北が一六五メートルほどである。本丸はおそらくⅠで、運動場造成のときに破壊された。北西隅部に搦手口があったようである。Ⅱ曲輪が二の丸であり、旧郷社東宮神社の境内地になっている。大手口はこの東宮神社に至る石段のところであろう。東宮城の東側を北から南に永野川が流れ、かつての流路は今より城寄りであった。周囲は永野川の水を曳いた湿地帯であり、皆川氏にとって戦略上重要な城であったものと思われる。（以上は一九七九～八〇年の調査に基づき作図したもので、今日では旧状をとどめていない城址もある）

○東宮神社と金剛寺

東宮神社（皆川城内町）は、社伝によれば、天喜元年（一〇五三）に源義家が勧請したとも、永享八年（一四三六）に長沼秀宗が皆川城築城に際して一族の氏神である春日神社を勧請したともいわれる。現在の祭神は武甕槌命《たけみかずちのみこと》・経津主命《ふつぬしのみこと》・天児屋根命《あまのこやねのみこと》・比売大神《ひめのおおかみ》である。近世には東宮大明神と号し、谷部大和が奉仕した。東宮神社の社名は、皆川城からみて東方にある

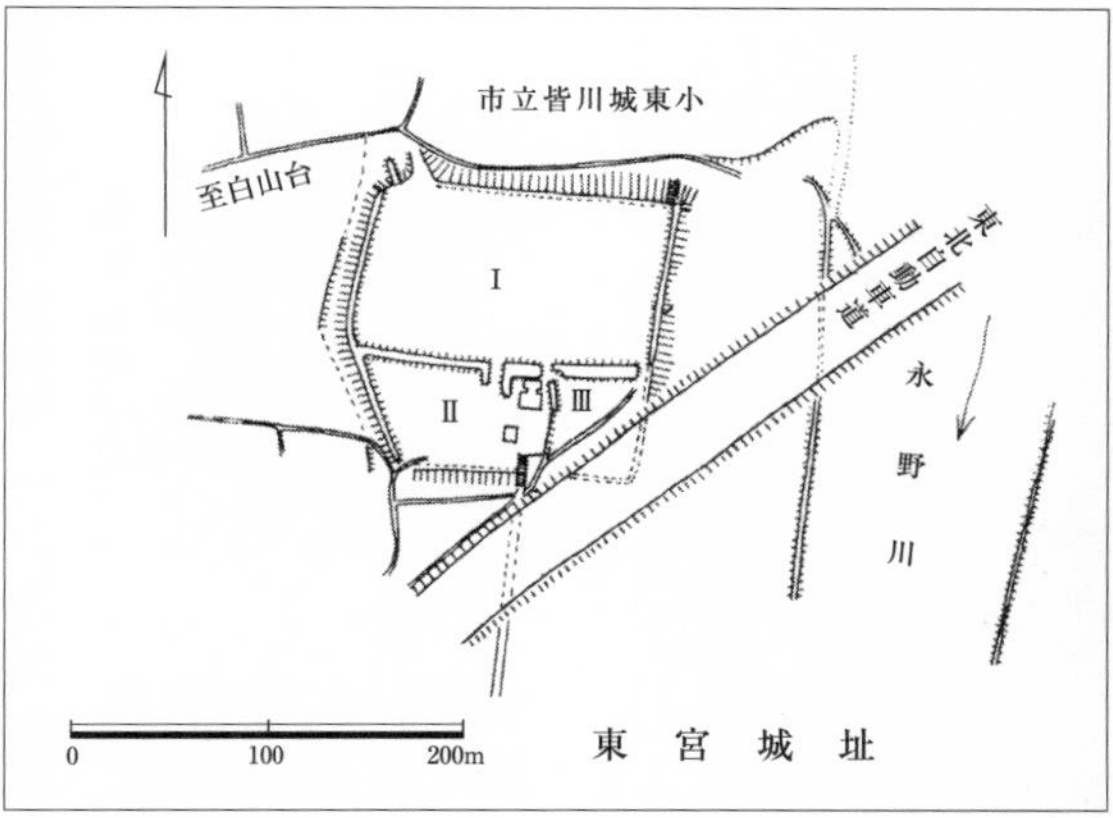

ことから名付けられたものであろう。当社は皆川氏の改易によって一時荒廃したが、寛永十年（一六三三）に常陸府中藩主となった皆川隆庸によって改築され、社領二五石が寄進された。三代将軍徳川家光から朱印地五石を賜わっている。明治十年（一八七七）に郷社に列格した。

金剛寺（皆川城内町）は皆川氏の菩提寺である。寺伝によれば、永享二年（一四三〇）に長沼秀宗が母の菩提のために建立したという。創建当初は天台宗、天文年間（一五三二〜五五）に臨済宗となり、さらに寛永六年（一六二九）、曹洞宗に改められ、武蔵国越生《おごせ》（埼玉県）の龍穏寺末となった。天正十九年（一五九一）に徳川家康より朱印地三石を与えられた。寺宝に広照着用の南蛮具足があり、境内に皆川氏歴代の墓所がある。墓域入口に石製の鳥居が建っている珍しい形態である。鳥居には「謹みて歴代先祖の塔廟の前に造立し奉る者也。正保二乙酉暦《とし》仲春吉辰《きつしん》（二月吉日）孝孫隆庸敬白《けいびやく》」と刻されている。正保二年（一六四五）二月に皆川隆庸が祖先の祖廟の前に造立したという意味である。この月、隆庸は逝去している。

真言宗持明院（皆川城内町）は嘉吉二年（一四四二）に皆川秀宗の開基と伝えられる。京都智積院中興の祖とされる玄宥は当院で学んだ。慶長十七年（一六一二）の「関東八州真言宗諸寺連判留書案」に見え、慶安郷帳に高一〇石とある。京都嵯峨大覚寺末である。

曹洞宗傑岑寺《けつしんじ》（皆川城内町）は天文二十三年（一五五四）、皆川俊宗の開基である。一説では、広照が父俊宗のために建立したともいう（俊宗の法名は傑岑文勝である）。当寺四世宗寅

東宮神社

皆川家歴代祖廟

は今川義元の弟であり、徳川家康の帰依を受け、天正十九年に寺領五〇石を与えられた。大平町西山田の大中寺の末である。

二、西方氏の盛衰

「西方」の初見は、弘安六年（一二八三）に作成された『宇都宮弘安式条』である。弘安式条は宇都宮氏七代景綱が宇都宮一族や領内支配を記した武家家法であり、第一〇条に宇都宮大明神（宇都宮二荒山《ふたあらやま》神社）で催行される九月会に「西方別符《べっぷ》」に池払いの役が宛行れており、西方が宇都宮氏の支配下にあったことがわかる。以来、西方は宇都宮氏の滅亡までその支配領域であった。応永十八年（一四一一）に宇都宮一一代当主持綱は西方の内大和田郷半分を一向寺（宇都宮市）に、延徳四年（一四九二）に一五代宇都宮成綱が西方三沢郷を成高寺（宇都宮市）に寄進している。大和田郷・三沢郷は西方地内の宇都宮氏の御料所（直轄地）であった。

宇都宮領西方郷を支配したのが西方氏である。西方氏は宇都宮景綱の子泰宗の子孫であり、泰宗の子景泰（貞泰）を祖とする。景泰は京都に居して烏丸殿と呼ばれた在京御家人であり、南北朝期には室町幕府の引付《ひきつけ》に列した。この景泰の子孫がいつのころか下野国に戻り、西方城主となったのであろう。

西方氏が史料に初めて見えるのは天文十七年（一五四八）である。壬生綱雄が宇都宮俊綱に叛旗を翻し、後北条氏に与して宇都宮領内に侵攻した。このとき、俊綱の命で皆川弾正少輔・皆川左衛門大夫と西方又三郎が後詰として綱雄の在所を攻撃した。翌十八年、俊綱が喜連川五月女坂（さくら市）で討死して嫡子広綱が真岡城に逃れると、西方河内守は壬生方として広綱の諸城を攻めた。西方氏が一時、壬生氏に従っていたことは、伊勢内宮の御師佐八《そうち》氏が江戸時代初期に作成した備忘録『下野国檀那之事』にも「跡は壬生に御座候へ共、今は宮（宇都宮）に御入候歟」とあることで確認できる。弘治三年（一五五七）に広綱が宇都宮城を回復すると、西方又三郎は広綱の許に馳参した（河内守と又三郎の系譜関係は不詳である）。以後、西方氏は宇都宮氏の「親類」として宇都宮氏と同一行動をとる。西方氏の家紋は宇都宮氏と同じ「左ともえ（巴）」である。

永禄十二年（一五六九）、北関東の支配をめぐって対立していた上杉謙信と北条氏康は越相同盟を結んで和睦した。卯月二十一日、反北条方の武将太田資正《すけまさ》は上杉氏の将河田長親・山吉豊守《とよもり》に書状を出し、西方河内守を引き立てるように依頼し、河内守を「礼式表裏の仁」と記している。『西方町史』は「表と裏があり、口で言ったことと、心で考えていることが違う人物」と解釈しているが、これは間違いで「儀式や作法の表裏に通じた人物」という意味であろう。河内守は在京御家人の子孫であり、様々な武家儀礼や作法に通じた人物であった。この和睦で両家の領土分割が問題となり、下野国は上杉の勢力下とすることで同意されたが、その過程で宇都宮配下の西方河内守の評価が高かったことがわかる。

元亀二年（一五七一）に北条氏康が病死して越相同盟が破綻すると、北条氏による下野侵攻が再び激しくなり、佐竹・宇都宮・小山など反北条方の武将は連合して対抗した。天正元年（一五七三）、北条氏政が下野に侵攻して壬生周長《かねたけ》の鹿沼城を攻撃すると、周長に味方した西方氏は南摩城と連携して北条勢の攻撃を凌いでいる。その後の西方氏の動静は不詳であるが、概ね宇都宮氏麾下の武将として行動したのではあるまいか。

天正十八年（一五九〇）、天下を統一した豊臣秀吉は北条氏の小田原城を包囲した。この戦いで宇都宮国綱は秀吉に臣従しており、国綱の配下の武将のなかに「西方ノ城　西方駿河守」が見える。北条氏が滅亡すると、秀吉は宇都宮城に入り、宇都宮仕置《しおき》と呼ばれる戦後処理を行った。下野では壬生氏・小山氏・長尾氏・那須氏などが改易された。また、秀吉は家康の二男で養子の秀康を結城氏に入嗣させ、壬生氏が領した壬生領は秀康に与えられた。このとき、西方氏が支配した西方領は没収されたという。西方の地は宇都宮領から壬生氏の支配領域を越えた離れ島のような場所にあり、宇都宮氏の支配地から除かれたのであろう。西方太郎左衛門綱吉は失った本領の代わりに、宇都宮国綱から「真岡と祖母井《うばがい》との境」にある「赤羽」（芳賀郡市貝町）を付与され、移住した。真岡城には国綱の弟芳賀高武が知行高六万石を領して居し、祖母井城（芳賀郡）は宇都宮の一族祖母井定久の居城であった。西方氏はこの両勢力に挟まれた赤羽に不満を持っていたようで、支配村落をめぐって祖母井《うばがい》氏と確執を起こしたが、慶長二年（一五九七）に主家宇都宮氏が秀吉によって改易されると、西方氏は赤羽を没収された。

三、鎌倉時代の小野寺氏

岩舟町小野寺の地名は古代・中世の記録に「小野寺」「小野寺保」、『一遍上人絵伝』に「下野国小野寺といふ處」と見える。天長二年（八二五）の「叡山俗別当参議大伴宿禰国道書」に「小野寺沙弥広智」とあり、天承二年（一一三二）に成立した『拾遺往生伝』上巻にも広智大法師は「小野山寺」に住すとあり、この山寺が大慈寺であることは間違いない。古代、この地に小野を名乗る豪族がおり、大慈寺を小野の寺と呼ぶようになったのであろう。小野の地名は全国にあり、小野小町伝承を残しているところも多い。小野寺にも小町の墓といわれる自然石があるが、これは地名に因んだ後世の付会である。小野寺保の「保」とは、国衙《こくが》領内に国司によって設定された土地のことである。令制下において中央官司や貴族、寺社に与えられた封戸《ふこ》に代わり、国司が一定の地を便補保《びんぽのほ》として認めたもので、例えば、薗部保（薗部町付近）や戸矢子保（旧寺尾村）は東大寺に寄進され、東大寺はここから所当・官物《かんもつ》を直接徴収した。小野寺保も同様に大慈寺の便補保として成立したといわれるが、確かな根拠があるわけではない。

　中世を通してこの小野寺保を支配したのが小野寺氏である。小野寺氏は藤原秀郷の子孫とされている。系図によれば、小野寺氏の初代義寛の父は相模国の住人山内首藤義通（通義）である。主馬首《しゅめのかみ》で藤原姓であったので「首藤《しゅどう》」を号したという。山内首藤の一族は源氏累代の家臣であり、資通が源頼義に従い郎従七騎のひとりとされ、「助通」の名で義家の郎従として史料に見える。資通の姉妹が義家の乳母となり、長子通清は鎌田権守を号し、為義の郎従である。通清の子鎌田正清は源義朝の乳母子として「郎等専一」といわれた。正清は平治の乱で義朝に扈従し、義朝とともに殺害されている。義通（通義）の子俊通も義朝に従い、子の俊綱とともに三条河原で討死している。俊綱の子（一説では弟）経俊は石橋山の合戦で平家方の大庭景親

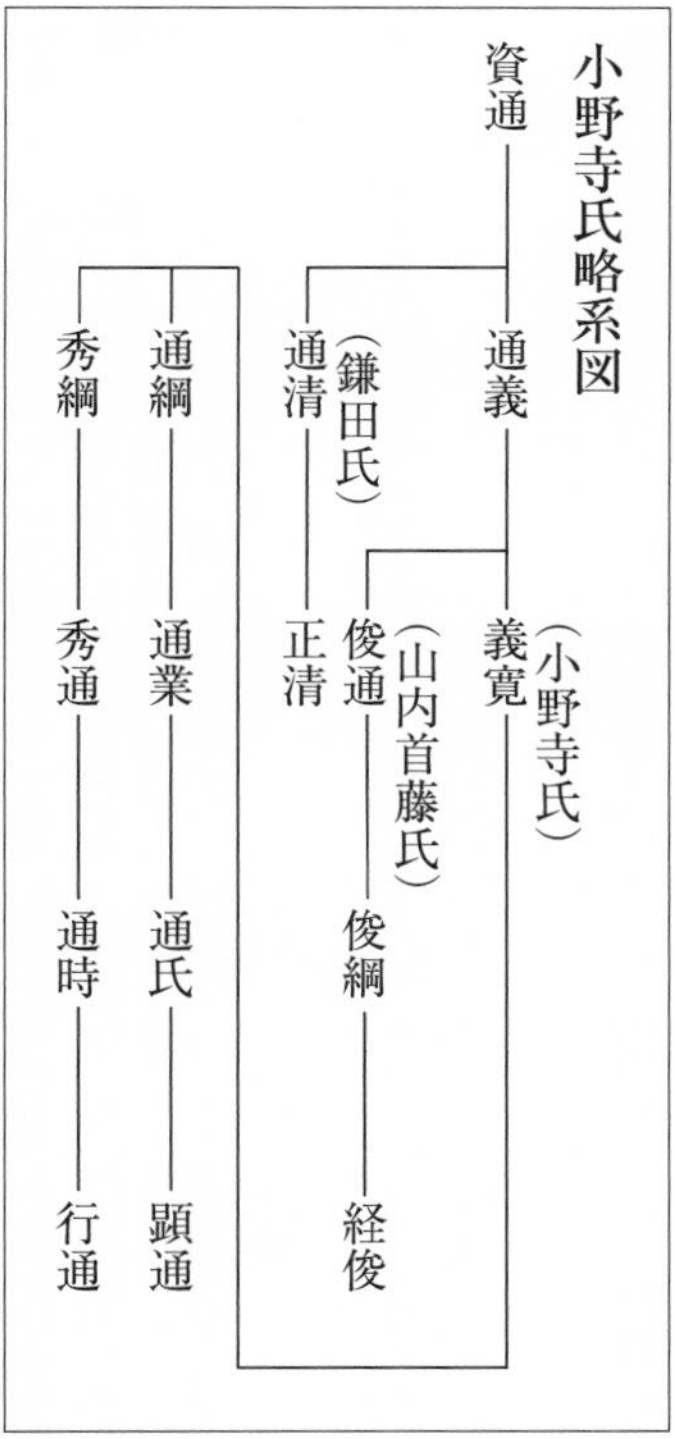

に属して頼朝に弓を引いたが、のちに赦されて御家人となり、鎌倉幕府に仕えた。

小野寺義寛《ぎかん》は系図に「小野寺禅師《ぜんじ》入道」と見え、源為義に扈従し軍功をあげ、為義から諱《いみな》一字を賜わり、小野寺保七か村を給与されたという。源氏と下野国のかかわりは深く、源義家・義綱兄弟が下野守をつとめ、為義の子義朝も仁平三年（一一五三）から二期八年間にわたり下野守の任にあった。足利荘は、義家が足利郡に開発した広大な土地を継承した三男義国が康治元年（一一四二）に鳥羽上皇の御願寺の京都安楽寿院に寄進したことによって成立した。

こうしてみると、源為義が下野国に進出し、その過程で所有した小野寺保を山内首藤の一族義寛に宛行ったという伝承は強ち否定することはできない。義寛はこの小野寺保に土着し、「禅師」とあるので大慈寺とも関りを持ち、小野寺を名乗ったのであろう。小野寺氏の嫡流に伝えられた譲状には「下野国小野寺保七ヶ村」と見える。七か村は戦国時代の文書に「小野寺保内石橋・畑・田代」の三か所が見え、この三村は現在も小野寺地内の小字として残っている。小野寺保は三杉川が流れる谷間の狭隘な地域に形成された荘園である。

義寛の子が禅師太郎通綱である。通綱は治承四年（一一八〇）の宇治橋合戦における平家方の武将足利又太郎忠綱が率いる軍勢中に「小野寺禅師太郎」として見える。忠綱は「数千町を領掌し郡内の棟梁」といわれた足利俊綱の長子で、藤系足利氏は現在の足利市〜佐野市を支配した豪族武士である。通綱は俊綱の弟戸矢子有綱の女を室に迎えて通業を儲けており、小野寺氏は足利の一門衆として平家に仕えたのであろう。源平の争乱の過程で、通綱は源頼朝方に属したがその時期は不明である。寿永二年（一一八三）に起きた志田義広の乱は、頼朝の叔父義広が足利俊綱と同盟して頼朝に反逆した事件である。この乱で、通綱は戸矢子有綱らとともに俊綱に背き、頼朝に味方している。この軍功によって、通綱は佐野庄や足利庄の一部を与えられたと思われる。通綱の孫通氏の暦応元年（一三三八）の譲状に「下野国小野寺保并佐野庄小中郷・堀籠郷、同国足利庄之内河崎三ヶ村、同国之内牧野十弐ヶ村」とあり、別の譲状では、小野寺保は「小野寺守藤滝口重代相伝名字之地」、他の所領は「譜代相伝所領」と区別して使用されている。後者のうち佐野庄・足利庄は志田義広に加担して滅亡した足利俊綱の旧領であり、頼朝が収公《しゅうこう》し一部を通綱に給与したのであろう。牧野の所在地は不詳である。

その後、通綱と子の通業および甥の秀通（通綱の猶子とする系図もある）は『吾妻鏡』に名前が所見する。通綱は源頼朝の奥州攻めに軍功があり、出羽雄勝郡（秋田県）を与えられ、のちに一族が移住して戦国大名に成長する。また、承久の乱（一二二一）で幕府方の一員として上洛した通綱は宇治橋合戦で討死し、秀通は足利義氏の軍勢に加わり軍功をあげている。岩舟町小野寺の小野寺氏居館跡には小野寺通綱と伝える墓がある。

建長二年（一二五〇）に幕府が閑院殿《かんいんでん》を修造した際、「小野寺中務跡」すなわち通綱の遺領を知行した人物が塀一本を負担している。通綱の嫡流は、通業—通氏—顕通—連通と続き、本領小野寺保と佐野庄・足利庄・牧野庄を伝来したが、その子孫は『吾妻鏡』に通業が所見するのみであり、甥の秀通の子孫が御家人として頻出する。秀通は将軍出御の御劔役や随兵をつと

伝小野寺禅師太郎の墓

め、子通時も将軍出御の御供結番衆《おともけつばんしゆう》となり、御格子番《みこうしばん》に任じられた。その子行通も父とともに将軍出御の供奉《ぐぶ》役をつとめており、両人は鎌倉在住の御家人であった。通業流と秀通流の関係は明確ではないが、鎌倉時代の惣領制のもとでは庶子の秀通およびその子孫が嫡流の通業から独立していたとは言い難い。秀通流の居住地は嫡流家が相伝した足利庄河崎村であり、村内にある徳応寺は秀通が源実朝が暗殺されたとき、その菩提を弔うために建立したといわれる。室町時代〜近世にかけて徳応寺に拠点をおいた貞瀧坊は小野寺秀通の子孫を自称し、足利郡に二二郷の霞場《かすみば》（檀那場ともいう。修験者の勢力圏）を支配する正年行事であり、下野における本山派修験（聖《しよう》護院《ごいん》を本寺とする天台宗系の修験道《しゆげんどう》）の拠点のひとつであった。

四、鍋山衆と城館址

(1) 下野島津氏のおこり

永野川は鹿沼市上永野を水源にし、足尾山地の東麓に広がる寺尾地区を南流して尻内町から平地に出て吹上町で扇状地を形成している。この永野川流域に平安末期に成立したのが戸矢子《へやこの》保《ほ》・木村保と薗部保である。「保」は国衙領に設定された所領の単位で、戸矢子保と薗部保は東大寺に寄進された。薗部保は早い時期に消滅しており、その地にあった薗辺大平郷が鳥羽上皇から一部が常行三昧《じょうぎょうさんまい》の供料《くりょう》として日光山に寄進されている。

戸矢子有綱と戸矢子・木村保

戸矢子保と木村保の開発領主は藤原秀郷の末裔足利氏の庶流戸矢子氏であり、その子孫に相伝された。寿永二年（一一八三）に頼朝の叔父志田義広が常陸で叛乱を起こすと、足利氏はこれに応じたが、戸矢子氏初代七郎有綱は惣領家に背いて鎌倉に味方し、所領を安堵された。こ

伝戸矢子有綱の墓

の有綱の名字の地が戸矢子保である。戸矢子の地名は現存しないが、保域は寺尾地区から吹上地区の一部を含む地域である。木村保は都賀町木に名をとどめている。

戸矢子有綱は戸矢子保を妻（一説では娘）戸矢子尼に譲与し、さらに尼の娘加賀局が九州島津の一族忠佐と再婚すると、「梅沢・千手・寺尾等」の所領すなわち戸矢子保は所生の盛忠に相伝され、ここに下野島津氏が興った。戸矢子尼は興味深い女性である。鎌倉時代の女子の所領相続は一期分《いちごぶん》といってその人一代限りで、死後は惣領に返還するのが一般的であるが（悔返《くいかえ》しという）、戸矢子保は女系で相続を繰り返している。平等院大安寺（千塚町）に伝戸矢子有綱墓があるが、戸矢子氏の後裔小曽戸氏が伝える系図には「真言宗大安寺有綱木造并尼公の大五輪石有之」と注記し、有綱の五輪塔ではなく戸矢子尼のものとしている。真偽はともかく、戸矢子尼は下野島津氏にとって始祖ともいえる存在であった。

木村は正和五年（一三一六）の「常行堂三昧田注文案」に「一丁　同（上執事）　木村」と見えるのが初見であり、日光山の常行三昧田であった。木村の開発領主木村五郎信綱は戸矢子有綱の五男で、鎌倉幕府の御家人であった。建長二年（一二五〇）、幕府が朝廷の命で閑院殿を修造したときの所役に、「木村五郎跡」が二条通りに面した南油小路北の築地一六本の中の一本を負担している。同じ下野国の小山氏や宇都宮氏ら有力御家人が殿舎などの大規模な工事を分担したのに比べると負担は小さく、木村氏の所領が狭小であったことがわかる。木村氏は『吾妻鏡』正嘉二年（一二五八）三月一日条に「木村五郎跡　子息木村四郎左衛門尉」とあるのを最後に記録に見えなくなり、以降の消息は不詳である。鎌倉時代後期には、木村保内長方村（仲方町）は島津氏が領有するところであった。

下野島津氏と鍋山衆

下野島津氏は忠佐―盛忠―忠氏―忠政と相承し、忠政は延文六年（一三六一）に薩摩国内と信濃国の所領を庶子公忠に譲渡している。おそらくこのときに下野国の戸矢子保は嫡男佐忠に譲られて、佐忠の子孫が戸矢子保に拠点を置いたのであろう。

十四世紀後半、下野国では大きな動乱が続いた。康暦二年（一三八〇）、下野守護小山義政は宇都宮基綱と対立し、裳原《もはら》（宇都宮市）で衝突して基綱が討死した。戦いを私闘と断じた鎌倉公方足利氏満は義政の討伐を命じ、永徳二年（一三八二）に義政が櫃沢城《ひつさわ》（鹿沼市）で自刃するまで争いは続いた。このとき、義政が最後の拠点としたのが戸矢子保との境目にある山間の寺窪城・櫃沢城・長野城である。攻撃軍の上杉朝宗と木戸法季《のりすえ》は三月晦日に吹上（吹上町）

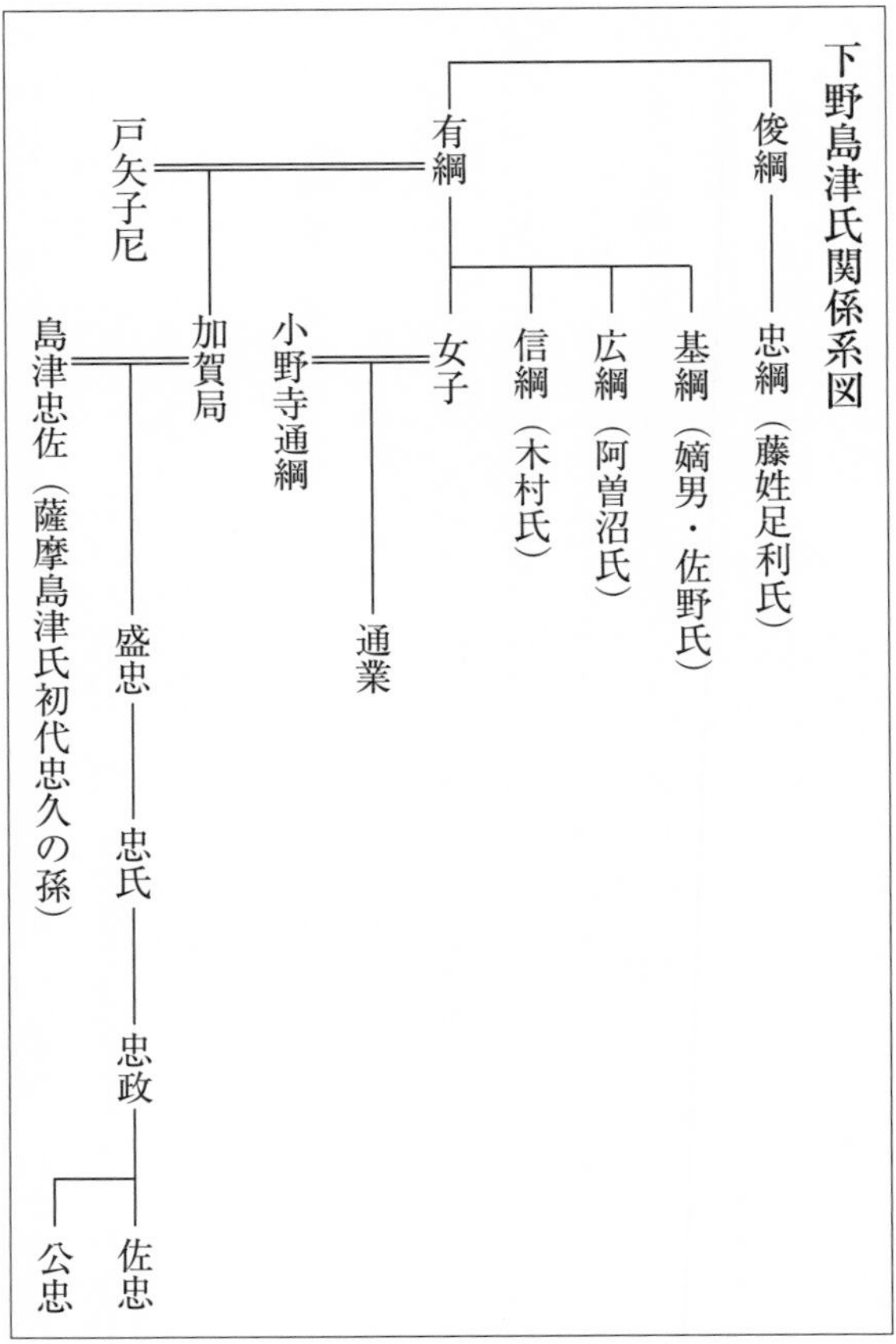

に到着、四月五日永野川を遡って長野城（鹿沼市下永野）を攻略し、次々と城を攻め落とした。

この合戦で、惣領宗忠（佐忠の嫡男ヵ）に率いられた島津一族は前年十二月から鎌倉公方の手に属して軍功をあげ、永徳二年三月、島津一族は小山に出陣中の氏満から「下野国戸矢子保内梅沢村・同千手村・同寺尾村、同国木村保内長方村」を還補された。「還補」とあるので以

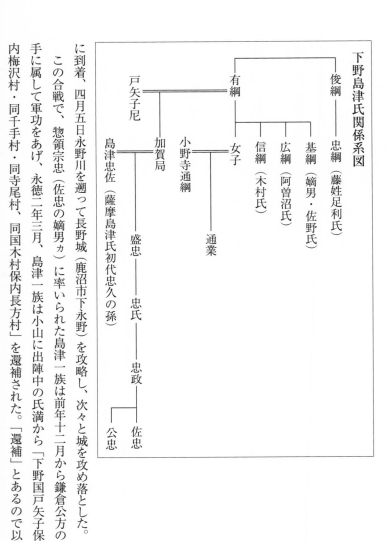

前に本領を没収されていたことになるが、時期も理由も不詳である。しかし還補された後も、梅沢村は野田入道、千手・寺尾村は高掃部助入道に横領され、長方村半分は宇都宮宮内大輔が拝領し、島津氏には厳しい時代が続いた。

十五世紀後半になると、島津一族は小曽戸《おそど》や梅沢・星野・門沢《かどさわ》など在地名を名乗るようになる（地名は寺尾地区に現存している）。惣領に率いられた島津氏という惣庶関係は崩壊し、鍋山衆と呼ばれる横並びの武士集団に変貌していたのである。そして、この頃から鍋山衆は自立性を失い佐野氏の被官となり、佐野領となった戸矢子保内の各郷を安堵された。

天正十三年（一五八五）、佐野氏は唐沢山に拠った当主宗綱が討死し、北条氏直の叔父氏忠を迎えて家を存続した。佐野氏忠が根古屋（唐沢山城）の堀普請を鍋山衆に命じた印判状がある。この「知行之書立」によれば、小曽戸丹後守が二五〇貫文、星野民部が二〇〇貫文と突出し、梅沢兵庫・梅沢帯刀左衛門・小曽戸摂津守・門沢備前守・小曽戸縫殿助・大和田紀伊守・星野伊賀・梅沢和泉・門沢出羽・小曽戸惣右衛門・梅沢彦十郎・小曽戸図書は五〇貫文～九貫文と小禄である。鍋山衆の知行地はあわせても七〇五貫文であり、鍋山衆の動員力はさほど大きくなかった。印判状の宛名の小曽戸丹後守と星野民部が鍋山衆の盟主的存在であった。星野民部の知行地星野郷（星野町）二〇〇貫文に賦課された軍役は馬上五騎、鉄炮放侍二〇挺、旗持二人の合計二七人である。星野民部はほかにも尻内郷代官でもあった。尻内郷（尻内町）は知行高が七四貫五七一文、年貢が二九貫八二九文とあり、実に年貢が四〇％という高率である。そのうち、一〇貫文が麻、一五貫文が永楽銭、四貫八二九文が塩硝（鉄炮の火薬）である。麻は戦後までこの地方の特産として生産が続けられた。天正十六年（一五八八）に星野民部が「闕落」（逐電）すると、星野郷と尻内郷は小曽戸丹後守に与えられた。この結果、小曽戸丹後守の勢威が鍋山衆のなかで一層突出することになった。しかし、二年後の天正十八年に北条氏が滅亡し、主家佐野氏も北条氏に加担したので、鍋山衆の多くは在地に土着して農に帰した。

(2) 下野島津氏の城館址

○木村館（都賀町木）

所在地は大字木の西（西木村）、小字名が堀の内である。東を除く三方を標高二〇〇〜一〇〇メートルの山地が囲繞している。館は東に広がる木村保全域を見晴らす高台にあり、保域を管理する適地である。館の北方山中には勝道上人が創建したとされる古刹華厳廃寺がある。

館は東西約一二〇メートル、南北約一〇五メートルのほぼ方形であり、現在は屋敷地と畑になっている。館の三方は三〜四メートルの急傾斜になっており、西側は掘割を隔てて山地に続いている。大手は南側にあり、土橋でもって外界と区切られていたのであろう。大手の西三〇メートルに木村大権現の石祠があり、城主の霊を祀ったものであると伝えている。現在、館の西に鎮座している鹿島神社の旧鎮座地は館の北小字鹿島であり、その隣に小字北寺の地名も残っている。築城時に館の鬼

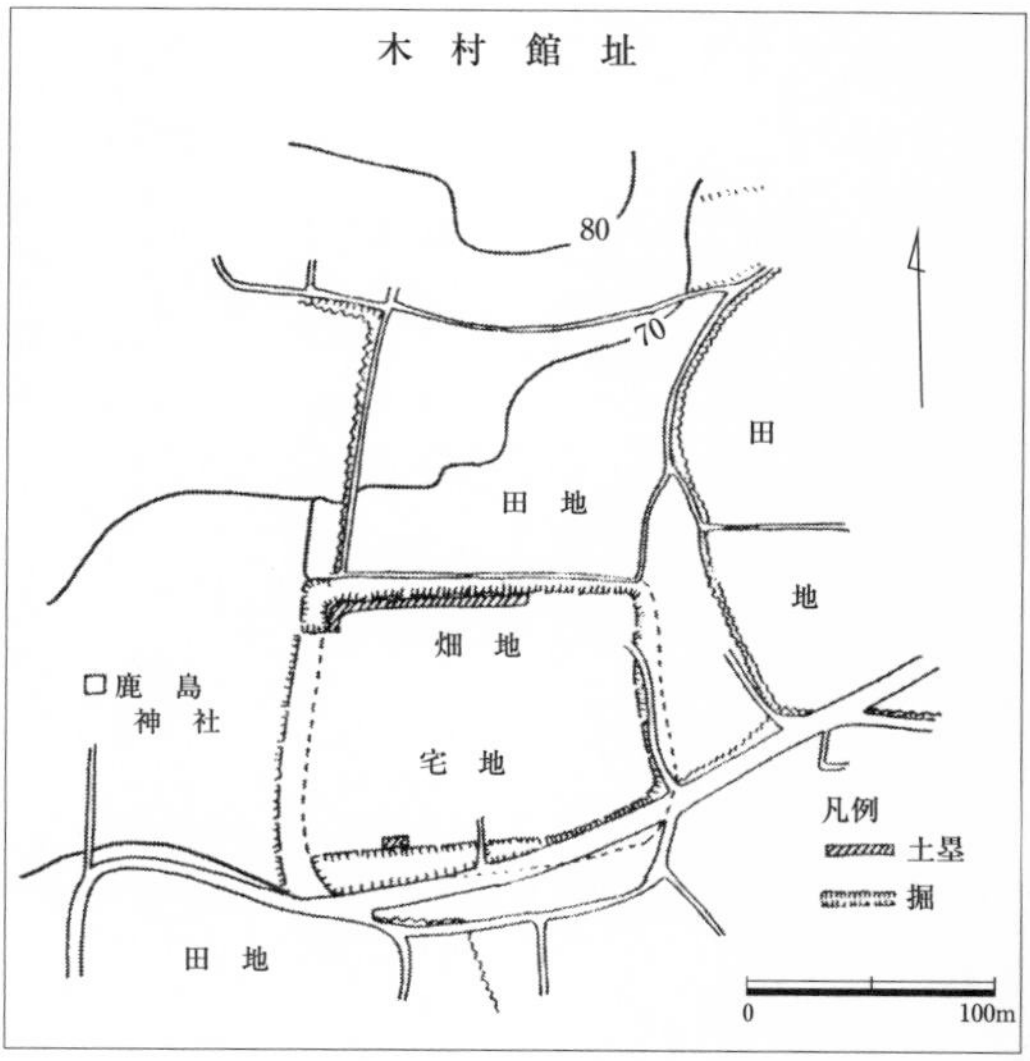

門（北東）に氏神と氏寺があった名残りであろうか。このように、館は古い形態をよく伝えており、平安時代末期に木村信綱が築城したとの伝承にふさわしい。（一九七九年調査）

○**部屋子城**（鍋山町）

伝承では仁安二年（一一六七）に藤原有綱が戸矢子保を領有し、鍋山村根古屋に築城したものであるといい、別称を不摩城とも秋葉城ともいう。蓬莱山《ほうらいさん》の天険を利用してその中腹に築かれた典型的な山城である。根古屋は根小屋とも書き、城館のあった地名を指す語である。

城址はⅠの曲輪群とⅡの館址、Ⅲ・Ⅳの曲輪群からなり、中心がⅠのA・B・Cである。標高二一〇メートル、比高九〇メートルに立地し、三つの曲輪の間は幅一〇〜一二メートル、深さ五メートルの堀切と二〜三メートルの土塁で外界と区切られている。本丸と思われるAには秋葉権現と三峯神社の小祠が祀られており、秋葉城の別称もこれに因む。山麓のⅡは城主の平常の生活の場すなわち居館である。

部屋子城址

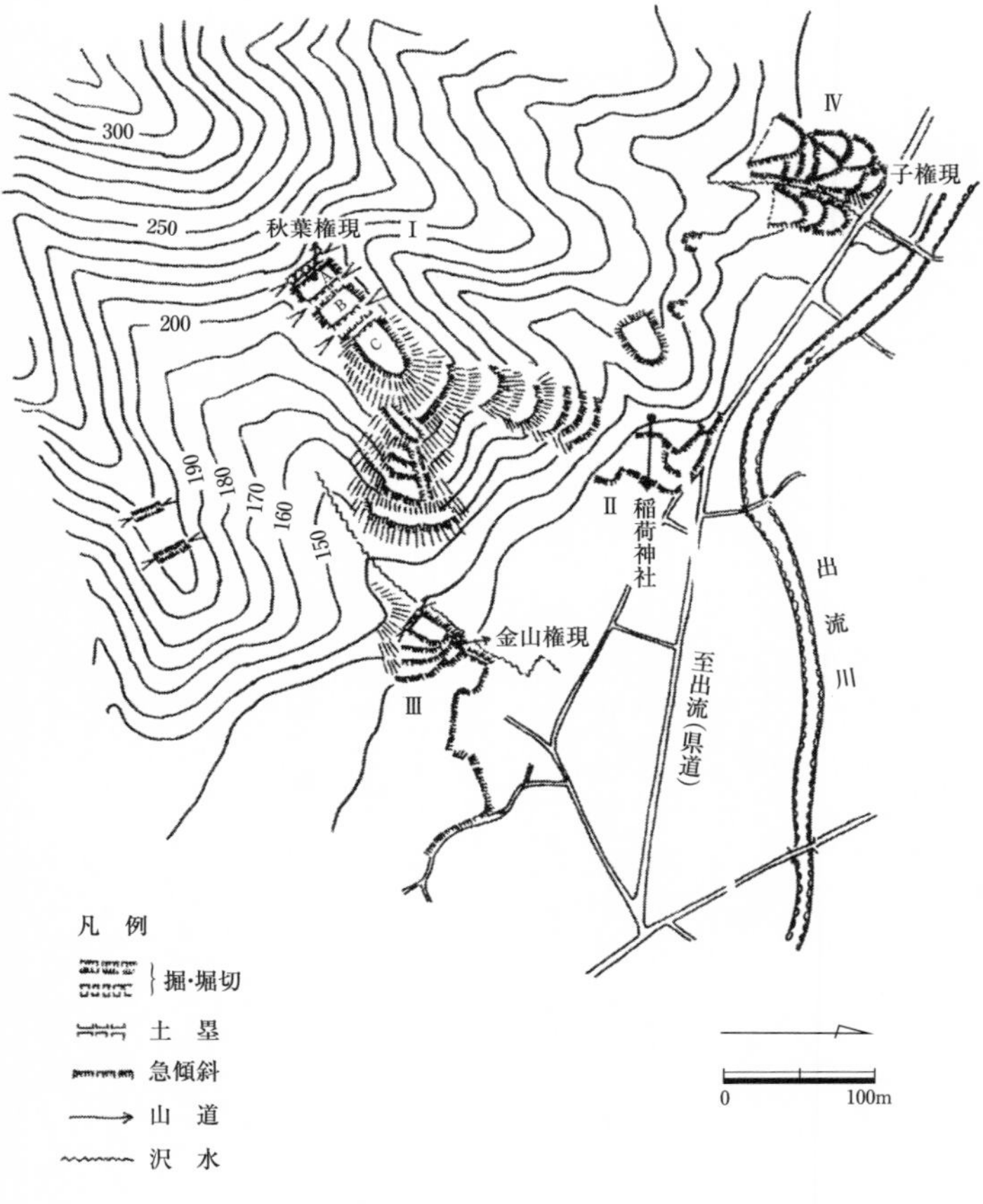
300
250
200
190
180
170
160
150
秋葉権現
Ⅰ
A
B
C
Ⅳ
子権現
Ⅱ
稲荷神社
金山権現
Ⅲ
出流川
至出流(県道)
凡例
掘・堀切
土塁
急傾斜
山道
沢水
0
100m

近世には鍋山村名主野沢四郎左衛門の屋敷地であった。こうした複雑な縄張りは室町・戦国時代山城の典型であり、戸矢子有綱築城期のものとはいいがたい。城址の山麓を縫うように永野川の支流出流川が西から東に流れ、天然の要害をなしている。館の八〇〇メートル北の宗寿寺跡には伝秋葉城主の墓が数基あり、一基は天文十四年（一五四五）と読める。（一九八一年調査）

○**藤沢城**（鍋山町）

別称を城主の名に因んで小曽戸城という。市立寺尾中学校の北東四〇〇メートルにある標高一五〇メートル、比高四〇メートルの城山にある。城の南を永野川が東流し、外堀の役割を果たしていた。山頂の本丸は東と南を空堀と二重の土塁で囲繞されている。北は空堀で区切られ、そのまま山頂に続いている。本丸の麓には帯曲輪があり、大手口は南麓であろう。この城山と東のおかいり山の間の狭い谷（さき沢）には地元で家臣の屋敷跡という伝承のある曲輪のような跡が多数残っているが、棚田である可能性が大きい。

小曽戸氏の系図によれば、小曽戸氏は島津の一族であり、梅沢隼人正親の子親治の傍注に「始めて小曽戸丹後と号す。小曽戸要害主」とある。「小曽戸要害」とは小曽戸城すなわち藤沢城である。藤沢城の山麓には今も小曽戸氏の子孫の住居がある。（一九八一年調査）

○**梅沢館**（梅沢町）

梅沢町には㋑梅沢石見義久居館跡と㋺梅沢兵庫正勝居館跡の二館址がある。

㋑は字三竹、真言宗梅沢山華蔵寺の東隣に接している。三竹は「御館《みたち》」の転訛であろう。東西一八〇メートル、南北九〇メートルの館址は東と北側にL字形の隅部と土塁が残っている。城主とされる石見義久は兵庫頭政頼の子であるという。小曽戸系図の政頼の項には「梅沢之要害住居」とある。（一九七九年調査）

㋺は字梅南にある。現在は宅地や耕地となっており、遺構のほとんどは破壊されているが、北に高さ一・五～二メートルの土塁の一部、北と東に堀跡が残っている。館は東西一八〇メートル、南北一七〇メートルのほぼ方形であり、北西の隅には薬師堂、南の隅には星宮神社がある。兵庫正勝は石見義久の兄弟であるという。（一九八二年調査）

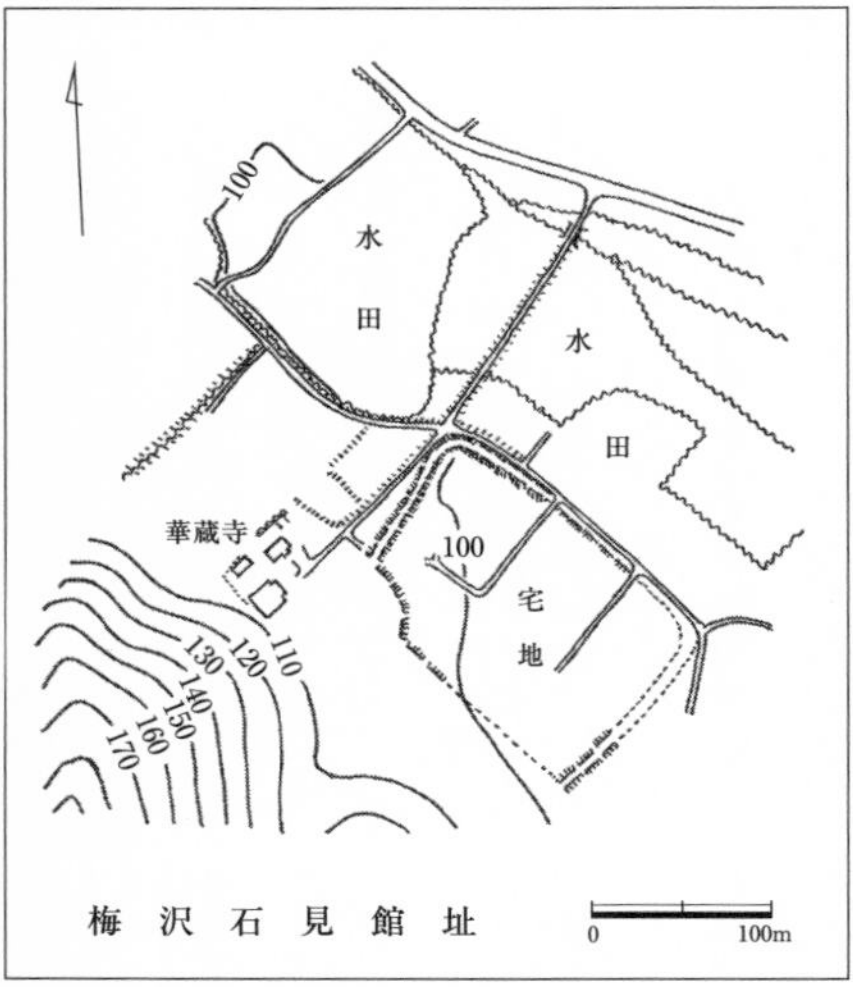

梅沢石見館址

梅沢兵庫館址

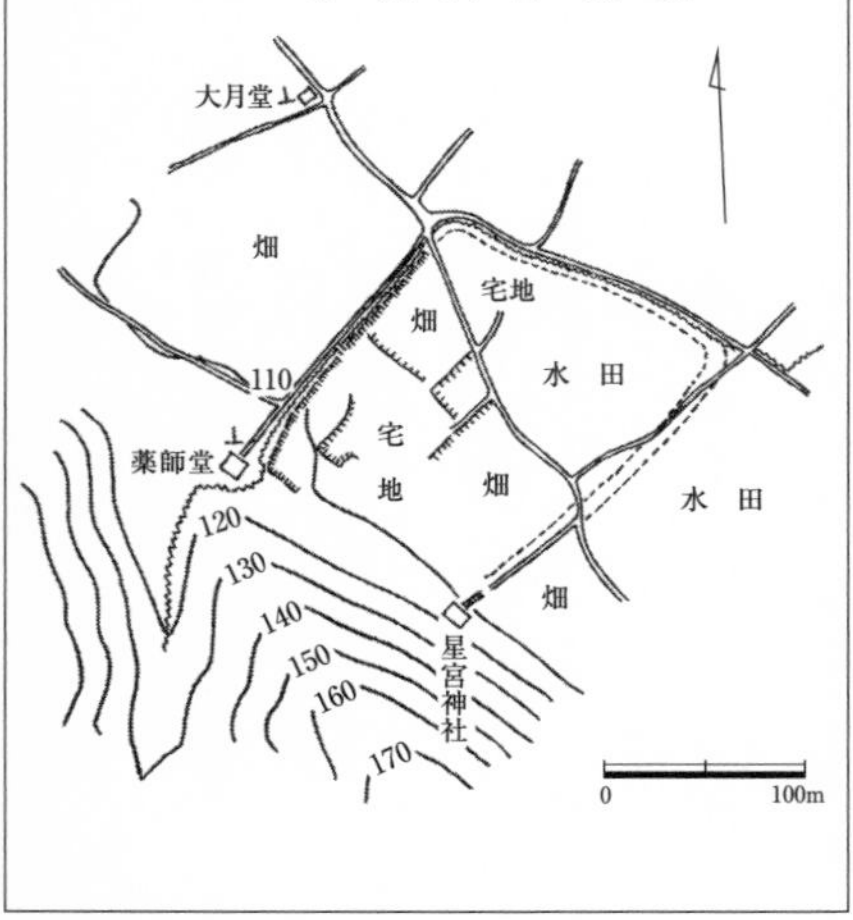

○尻内城（尻内町）

字内宿にある山城である。城址を地元では「城《じょう》の越《こし》」と呼んでいる。標高一七五メートル、比高七〇メートルに堀切によって区切られた三つの曲輪が東西に延び、東の曲輪の下方には階段状の帯曲輪がある。北東に延びる山並みの先端愛宕山の山頂は愛宕神社の旧鎮座地であるが、ここは物見址であろう。愛宕山の東三〇〇メートルを永野川が南流し、戦国時代は永野川を超えると皆川氏の勢力圏であった。当城は戦国大名佐野氏の東部方面における最前線の支城である。

伝承では天文年間に佐野氏の属将佐藤治部少輔宗連と子の弥四郎吉連が居城したという。城址近くの小字内宿にある星宮神社の天文四年（一五三五）の棟札によれば、宗連が本願となって再建したものである。尻内照石山の西麓に宗連の墓といわれる宝塔があり、表面に「佐藤院殿」と刻されている。（一九八二年調査）

五、中世の寺社

(1) ふたつの大中寺

太平山の南山麓、大平町西山田にある曹洞宗寺院が大中寺である。上田秋成の『雨月物語』の一編「青頭巾《あおずきん》」の舞台として夙《つと》に知られている。『下野国誌』などによれば、延徳元年（一四八九）、小山成長《しげなが》が培芝正悦《ばいししようえつ》（小山氏の菩提寺小山天翁院《てんのういん》の中興開山）に帰依して創建し、翌年、正悦の師快庵妙慶《かいあんみようけい》を越後高田の顕聖寺より招いて開山にしたといわれる。寺号の大中寺は成長の法名大中存孝に因むとされる。五世海庵尖智《かいあんせんち》の代に快叟《かいとう》良慶との間に不和が生じ、領主小山高朝は皆川弾正少弼と常陸東昌寺に調停を依頼したがうまくいかなかった。尖智が亡くなると、今度はその弟子無学宗棼《そうふん》と良慶が法脈争いを起こした。古河公方足利義氏は紛争の拡大を恐れて、武蔵龍穏寺・相模最乗寺・駿河乗安寺の三か寺に調停を命じた。結果は良慶の退寺に決し、良慶は妙慶が開山した越後顕聖寺に移住した。これにより、宗棼が六世住持となった。良慶は長尾為景の弟で上杉謙信の叔父であったので、天文十一年（一五四二）の火災で堂宇が焼失したときは謙信の援助を得て再建された。永禄十二年（一五六九）に良慶が斡旋し、謙信と北条氏康の和議（越相同盟）が当寺で結ばれたともいわれている。

弘治三年（一五五七）、小山高朝が旧領榎本領を回復し榎本城を築くと、この地に大中寺（大平町榎本）を創建した。高朝は宗替を招いて第一世としている。境内には榎本城主であった榎本高綱・近藤綱秀（北条氏照の重臣）や榎本藩初代藩主本多忠純の墓がある。

大中寺山門（大平町西山田）

大中寺（大平町榎本）

大中寺の寺領は中泉庄（西御庄）内の西水代郷（大平町西水代）である。文亀二年（一五〇二）に古河公方足利政氏が二世培芝正悦に宛て大中寺領として安堵し、天文二十二年（一五五三）、政氏の跡を継いだ梅千代王丸（義氏）も海庵尖智に宛て安堵状を発給している。年未詳六月二十五日付足利義氏寄進状は無学宗棼に宛て改めて西水代郷を寄進したものである。このときの宗棼は榎本大中寺の住持であったので、古河公方は榎本の大中寺を正系と認めたのであろう。榎本大中寺は天正十八年（一五九〇）に小山氏の改易によって庇護者を失い衰微し、正系は西山田大中寺に移った。

天正十九年、西山田の大中寺九世柏堂宗淳が徳川家康から関東僧録職に任ぜられ、関東曹洞宗寺院の宗内行政を掌った。十一世建室宗寅は今川義元の弟で、家康の信任があつく、慶長十七年（一六一二）に山田大中寺は下総国総寧寺（千葉県）・武蔵龍穏寺（埼玉県）と天下大僧録となり、全国曹洞宗寺院の本末関係や人事を管理し、江戸時代を通して大きな権勢を誇った。山田村に一〇〇石の朱印地を有しており、末寺は江戸泉岳寺《せんがくじ》など三三寺を数えた。

(2) 惣社と印役神社

国司（長官を「守」）の職務の第一は「祠社」である。国司が任国に赴任して最初に行うのが国内諸社の巡拝であり、「神拝後、吉日を択《えら》び、初め政を行うこと」とされた。十一、二世紀の貴族の日記には国司神拝の記録が散見しており、なかには一宮に一度も参拝せず、国人らの抗議を受けて急遽臨時祭にあわせて下向した国守もいる。国守は遙任《ようにん》が多く、任地に赴かずに実際の国務は代官である目代《もくだい》が担ったが、それでも一度は神拝するのを常とした。

諸国で信仰や政治上最高位の神社が「一宮」であり、下野国の一宮は宇都宮大明神、現在の宇都宮二荒山《ふたあらやま》神社である。鎌倉幕府は一宮の祭礼費用を管内御家人に賦課し、祭礼を通して御家人を統率したのである。

このように、国守は一宮をはじめ管内の諸社を巡拝したが、平安時代後期になると遙任の増加や国司制度の弛緩によって巡拝を行わないケースもみられるようになった。そこで、国守の諸社巡拝の労を省くため、国府近辺に管内諸社を勧請して一か所に祀ったのが「惣社」である。惣社は国守の着任儀式や国衙祭祀を行うなど、国衙役人や御家人の精神的結集の場となった。下野国は延喜式内大神《おおみわ》神社（惣社町）に国中の神を勧請し、惣社にしたとされる。今もこの地には惣社の村名（大字）があり、地内には府中や鋳物師地・西内匠《たくみ》屋・北内匠屋・蔵屋敷・南小路・西小路・府古屋など、中世の国府関連の小字名が残り、中世の国庁か守護館が置かれていたことを伺わせる。大神神社は近世に「六社大明神」と呼ばれたが、この社名は中世に遡り、国内の主要な神社六社の神を合祀したことによる。前に紹介した寛喜二年（一二三〇）の「小山朝政譲状」に「惣社敷地」や「惣社野荒居」が所見し、小山氏が惣社敷地と周辺の荒野を開発し所領としたことがわかる。下野惣社の祭祀権は権大介職・守護職を相承する小山氏が握り、社殿の造営・修造や祭祀は小山氏が管内御家人を指揮して執行したのであろう。

　国司の公印を「国印」といい、正税を納める府庫の鍵が「鎰《やく》」である。印と鎰は国司が国務を執行するときに使用したので、その管理は厳重をきわめ、守（長官）か介（次官）が扱う決まりであった。ところが、十二世紀に国司の遙任が常態化すると、文書様式も「国符」から目代や留守所が発給する「庁宣」形式に変わる。庁宣には国印が捺されなかったので、印鎰は実用性を失って国衙祭祀の象徴に変化する。中世諸国の国府に近い場所に印鎰神社が残っている国があるのはそうした理由による。

日枝神社

　下野国では印鎰神社の所在は明確ではない。国庁跡の西北約三キロの大宮町に「印役《いんにやく》」の地名があり、印鎰を扱う役人が住居したとの地名伝承が残っている。江戸末期の『壬生領史略』に「印鑑山王権現、国府村にあり」と見えている。これは国府町鎮座の日枝神社である。同書によれば、宮野辺権現（宮目神社）と印鑑山王権現は大神神社の末社であり、「両所共祭典室八嶋の社人勤之」と記している。惣社大神神社が国庁跡に建つ宮目神社と日枝神社（印鎰神社）を末社とし、祭祀を行っていたのは中世の三社のかかわりを伝えているようで興味深い。

(3) 下野武士の神祇信仰

全国で最も社数の多い神社は八幡神社（八幡宮）である。八幡神社は清和源氏の氏神であり、源頼朝が幕府の守護神として鶴岡八幡宮を祀って以来、御家人の信仰を集め、多くの御家人は所領内に八幡神を勧請した。八幡宮は「弓矢八幡」と呼ばれた武門の守護神である。鎌倉武士は一族の氏神と並んで八幡神を祀り、崇敬したのである。市域では都賀町木の八幡宮が御家人木村信綱によって勧請されたと伝えている。

下野武士の神祇信仰は、『下野国誌』に「総て宇都宮の一族は宇都宮明神を在所々々へ勧請し、小山の一門は牛頭天王《ごずてんのう》をうつし、那須の家門は温泉明神を祀れるなり」と記している。小山氏の祇園《ぎおん》信仰は小山政光が大番役で京都にあった平治年間（一一五九〜六〇）に「感応のこと有りしに依て」祇園社（八坂神社）を勧請したことに始まるとも、その長子朝政が承久の乱の軍功で尾張国海東三箇荘を給与され、尾張津嶋社を遷したことによるともいわれている。祇園の神＝牛頭天王は厄除け神として知られ、東海地方から関東に多数の分祀社がある。中世の小山氏居館である祇園城の大手鬼門にあたる小山市城山二丁目に「門守天王」（元須賀神社）が鎮座し、城内にも「本キオン曲輪」があった。戦国時代小山氏の支城榎本城や富田城は皆川領との境目にあり、両城近くに八坂神社（旧牛頭天王社）が鎮座しており、城の守護神として勧請されたと伝えられている。政光の二男長沼宗政は奥州征伐の軍功で陸奥長江荘の地頭職を与えられ、鎌倉時代後期に子孫が居住した。彼らの精神的紐帯が宗政の勧請した田出宇賀《たでうが》神社（南会津郡南会津町）である。当社の祇園祭は今日も盛大に行われており、国重要無形民俗文化財となっている。三男朝光も結城に入部するときに牛頭天王を勧請したといわれ、康永二年（一三四三）に結城直朝が整備した「結城七社」の第一に「牛頭天王」と見える。現社名の健田《たけだ》須賀神社（結城市）は明治五年（一八七二）に式内健田神社を合祀したことによるものである。

八幡宮（都賀町木）

戦国大名皆川氏の氏神は東宮神社とされる。旧郷社東宮神社（皆川城内町）は皆川城の守護神として創建され、神田町の無格社東宮神社は皆川広照が栃木城築城の際、鎮護の神として創建したという。南部の拠点川連城の北東隅部にも東宮神社の石祠があり、皆川氏が東宮神社を守護神としたことの名残りであろう。東宮神社は藤原氏の氏神社春日神社を遷したといわれ、現在も春日の神を祀っている。皆川氏は藤原姓であることから、春日神社の神を祀ったものであるといわれている。

Ⅳ　近世編

例幣使道伝統的建造物群保存地区（泉町）

一、近世の栃木町

(1) 栃木町の成立

栃木城の廃城

栃木市城内町はかつて栃木城があったことから、近世には栃木城内村と呼ばれていた。城内町一丁目の市立第四小学校の東側に、二の丸の堀と土塁の一部がわずかに残っている。慶安四年（一六五一）の『下野一国』に「栃木町古城」は皆川山城守（広照）の城跡とある。規模は周囲が五一〇間（約九二〇メートル）、本丸は東西八三間（約一五〇メートル）、南北七三間（約一三〇メートル）。本丸の東に二の丸とそれを囲むように三の丸が、南には二の丸と三の丸が並行してあり、大手門は南三の丸、裏門は東二の丸にあった。堀幅は九～一〇間（約一六～一八メートル）、土塁は幅六～七間（約一〇～一二メートル）と記されている。東丸の北に東西七〇間（約一三〇メートル）、南北四六間（約八三メートル）の「蔵屋敷」があり、城の三方に「侍屋敷」があったという。城の西方を杢冷川《もくれいがわ》が流れ、城の周辺は広大な湿地帯となっていて天然の要害をなしていた。城址周辺には大工町・紺《こう》屋《や》町・古城・城ノ内などの地名が現在も残っている。

築城年代は不詳であるが、年次未詳の「北条氏人数覚」に北条方武将の城館として「皆川山城守　下野皆川城　とミた　とちきの城　なんま　四ヶ所」とあり、栃木城が見えている。広照は北条氏に従い、天正十八年（一五九〇）に小田原に籠城したので、皆川城は豊臣勢に攻められ落城した。広照は四月、小田原城を出て豊臣方に投降した。秀吉が十日、真田昌幸・信幸に差下した朱印状に「去八日夜も下野国皆川山城守、侍以下百余引具して走入り、命を相助けられ候様にと御侘言申上げ候」と見えている。その後、広照は徳川家康に仕え、皆川領一万三、〇〇〇石を安堵され、栃木城に在城したものと思われる。年未詳（慶長七年ヵ）十一月十五日付の「平野丹後守宛皆川広照書状写」に「栃木へ御出有るべく候」とあり、平野丹後守を栃木に招いており、広照の栃木在城を裏付けている。

その後、広照は家康から子の松平忠輝の「傅《ふ》」（養育掛）を命ぜられた。忠輝が慶長八年（一六〇三）に信濃川中島一八万石を与えられると、広照はその付家老に任じられ、同国飯山城主として四万石を加増され、栃木城

栃木城跡

には弟の俊勝を置いたといわれる。慶長十四年（一六〇九）、広照は松平家の内紛に巻き込まれて改易されたので、栃木城は廃城となった。

近世栃木町の景観

戦国時代の栃木町は「杤木之郷」「杤木村」と呼ばれていた。『円通寺文書』に天正十四年（一五八六）、「杤木町立初ル」とあり、栃木城の築城によって徐々に町場が形成されたのであろう。このころ、近龍寺・神明宮・満福寺・定願寺・長清寺・延命寺・円通寺などが現在地に移転され、町造りが進められた。近世の字本町《ほんちょう》は城址の北西に接し、現在も町名として残っている。本町は古町と同義であり、最初に開けた町場であろう。その後、上町・中町・下町、横町・裏町と町場が拡大したのであろう。広照が家康から安堵されたのは永野川と巴波川流域の五三か村、栃木町周辺の吹上・皆川・岩舟・大平・藤岡地区であり、栃木町には皆川領の年貢米を扱う商人が居住した。皆川氏が改易されると町は城下町の性格を失ない、商人町として新たな道を歩むことになる。江戸中期には近江や伊勢から商人が移住し、下野屈指の商人町に発展した。

市街地の西と南を巴波川が囲むように南流し、町の中央を道幅五〜六間の例幣使道が南北に走っていた。道の中央には平柳新地の大ぬかり沼（泉町）から引いた用水が北から南に流れ、定願寺の南西で巴波川に落ちていた。街道に沿い、南から下町（室町）、中町（倭町）、上町（万町）の街並みが続いていた。近龍寺南通用門から定願寺北通用門に至る通りの家並みを裏町（旭町）、中町の高札場から東を走る通りを東横町（穀町ともいう）、念仏橋（江戸後期には幸来橋とも呼ばれた）に至る西通りを西横町と呼んだ。町の南北の出入口に木戸があり、木戸外も家並みが続き、南を沼和田村川間（河合町）、北を平柳新地（泉町）といい、南の木戸外に熊野神社（現存）、北の木戸内に蛭児《ひるこ》神が祀られていた。念仏橋の内側にも木戸があり、巴波川を渡った先が片柳村であり、ここも徐々に家数が増えていった。東は杢冷川に木戸が設けられていたという。

栃木町（宿）と栃木城内村は一村として扱われることが多く、幕領や大名領など何度かの変遷を経て、宝永元年（一七〇四）に足利藩（譜代戸田氏）領となり、明治の廃藩置県まで支配が続いた。足利藩は最初の陣屋を栃木城内に置いたが、寛政元年（一七八九）に裏町に移した。

文化元年（一八〇四）の町内人別は男一、三六五人、女九九六人、家数五六六軒。天保十四年（一八四三）の記録では、男二、一八〇人、女一、八一九人、家数一、〇三〇軒、旅籠屋七軒とあり、町の人口は江戸後期に急速に増加している。天保の調査（『宿村大概帳』）によれば、富田宿（大平町富田）が男四二五人、女四一九人、家数一四八軒、旅籠屋二八軒。合戦場宿（都賀町合戦場）が男二一四人、女二三〇人、家数一〇五軒、旅籠屋二五軒。金崎宿（西方町金崎）が男一八一人、女一九九人、家数八六軒、旅籠屋一二軒とある。栃木宿は家数・宿内人口とも圧倒的に多く、南北八町五四間は「残らず家並み」と記されている。町の規模に比較すると旅籠屋が少なく、普段は小売物、酒屋、蕎麦・うどん店で生計をたてており、宿泊者も少なかっ

江戸時代末期の栃木町略図

※地図中に両毛線栃木停車場と栃木県庁跡を表示し、
栃木町の全体が分かるようにした。

・本陣は中町（倭町）の長谷川四郎三郎家（町名主）である。建坪が125坪。文久2年（1862）に焼失した。
・問屋場《といやば》（人馬継問屋）は中町にあった。
・高札は町内のほぼ中央の上町（倭町）と東西の横町が交わる所に建てられていた。
・みつわ通りは近世には「間の道」と呼ばれ、人が通る程度の狭小な道であったが、県庁の開設により住民らが通路沿いの屋敷地を潰して私費で拡幅することを県庁に願い出、明治6年4月に大蔵省より認可を得た。
・大通りから神明神社に至る参道は防火のため、安政3年（1856）に開通した。
・大通りの中央を流れていた用水は明治16年（1883）、県令三島通庸が二つに分けて道の両側に移し、その外側を歩道とした。
・室町と両毛線栃木停車場を直線で結ぶ南関門道路Ⓐは昭和3年4月、栃木駅舎の新築工事にあわせて開通した。万町から北に直進する北関門道路Ⓑは東武鉄道新栃木駅設置にあわせ、昭和7年に開通した。
・円通寺（城内町2丁目）は常陸国黒子千妙寺（筑西市）の末寺。朱印高が10石。末寺4、門徒寺15、庵室1を有する栃木町最大の寺院である。末寺の定願寺（旭町）の境内には本堂・薬師堂・釣鐘堂・観音堂・地蔵堂・弁天宮・山王宮・天神宮・稲荷宮があった。滅罪檀家452軒。本堂が手広であることから近龍寺とともに「宿方差支候節ハ休泊請候儀も有之」とされ、脇本陣として利用された。
・延命寺は円通寺の門徒寺。境内に愛宕宮・保呂波宮があり、祈祷檀家700軒、滅罪檀家が12軒あった。
・足利藩栃木陣屋前の裏町通り（旭町）にあった円乗院・蓮池院と上町（万町）の成就院は円通寺の門徒寺である。三寺は境内が年貢地、滅罪檀家を持たず、祈祷檀家も100軒に満たなかった。円乗院・蓮池院は明治維新で廃寺となり、成就院境内の不動尊は弘化3年（1846）に起きた丙午火事で上町が焼失したとき、ここで鎮火したので火伏不動と呼ばれ、町民の信仰を集めた。世話人は上町の有力者が多く、弘化3年に円通寺が本堂を再建したときも50両を寄進している。明治維新以降も町民の信仰を集めていたが、昭和になって定願寺境内に移され廃寺となった。円乗院は滅罪檀家がなく、無住であった。天保8年（1837）、浄土真宗常通寺（泉町）が間借りしたが、明治維新で廃寺となり、境内が上地となったので、常通寺は現在地に土地を購入して明治9年に移転した。
・真言宗平等院（本町）の境内にあった釣鐘は明治維新のときに定願寺に移され、現在も「平等庵の鐘」と呼ばれている。

た。旅人は陣屋があって型苦しい栃木宿ではなく、飯盛《めしもり》を置いていた富田・合戦場の両宿に宿泊する場合が多かったのであろう。

名主は中町の長谷川四郎三郎家であったが、元禄年間（一六八八〜一七〇四）以降は三町に三人づつの年寄が置かれ、町政は三町が交替でつとめた。横町には独自に名主が置かれ、三町とは別の自治組織となっていた。本陣や問屋場は中町にあり、長谷川四郎三郎家が本陣であったが、文久二年（一八六二）に焼失した。脇本陣はとくに定めず、近龍寺・定願寺や町内の旅籠（主に押田屋）が使用された。日光例幣使は栃木宿で休息をとり、元治元年（一八六四）の一行は本陣が焼けていたので、神明神社神職の黒宮薩摩守家で休息する予定としていたが、ここも前月に焼失したので、上町の三悦（三星屋儀右衛門）宅で休息している。

問屋場《といやば》（人馬継問屋）は九人の年寄が問屋を兼ねて月番でつとめ、配下の事務を担当する帳付《ちょうつけ》が常時詰めていた。問屋場は人馬の継立、旅行者の休泊の手配、通信の役割を担い、人足と馬の常備が義務付けられ、例幣使道の宿駅は人馬二五人・二五疋と定められていた。

栃木町は三と八の日に市が立ち、月に六回開かれたので六斎市と呼ばれた。三・八・四・九の日には馬市が立ち、仙台や会津方面から関東一円に供給される馬の売買が活発に行われた。

(2) 例幣使道

江戸幕府が整備した主要街道が五街道であり、道中奉行（大目付と勘定奉行が兼任）が管轄した。五街道以外の街道は脇往還と呼ばれ、なかには五街道並みの宿駅機能が整備された街道

例幣使道沿いの見世蔵（倭町）

巴波川沿いの風景（倭町）

もあった。栃木市内を通る例幣使道はそうした脇往還のひとつである。

元和三年（一六一七）、日光に東照社が創建されると、後水尾天皇は勅使を派遣して東照大権現の神号と正一位を授けた。正保二年（一六四五）の宮号（東照宮）宣下のときも勅使派遣があり、以来、毎年四月の大祭（家康の命日）に参議（大中納言に次ぐ重職）を派遣した。この勅使を日光例幣使という。

中山道の倉賀野宿（高崎市）から楡木宿（鹿沼市）までを例幣使道と呼び、道中奉行が管理した。例幣使一行は勅使以下約五〇人で、四月一日に京都を発ち、中山道→例幣使道→日光西街道を経て、十五日に日光に到着、十六日の例大祭に奉幣して、十七日に日光を発つのが通例であった。帰路は日光街道から宇都宮を経て江戸に入り、東海道を利用して三十日に帰京した。

栃木市内を通る例幣使道には、富田・栃木・合戦場・金崎の四宿があった。街道は家康の廟所造営のとき、その資材を運ぶ輸送路として整備されたのが始まりとされ、合戦場宿→金崎宿→楡木宿に至る街道もそのときに造られたのであろう。栃木から鹿沼に至る古道は川原田町→都賀町原宿→西方町本郷→西方町元→西方町本城を通る県道一七七号線（上久我・栃木線）であったといわれる。

(3) 巴波川水運

栃木町の発展に巴波川《うずま》の存在は欠かせない。巴波川は川原田町の白地《しらじ》沼などの湧水を水源とし、市街地を貫流して小山市押切で永野川と合流し、藤岡町の渡良瀬遊水地で渡良瀬川に注いでいる。近年は水位が下がっているが、かつては荒川や赤津川を合わせて水量が豊富であったので、近世から明治時代にかけて内陸水路として利用された。

巴波川舟運は江戸初期に始まったが、利用がいつから開始されたかは定かでない。元禄十一年（一六九八）の記録には、「下野国都賀郡巴波川通船の儀は元和年中（一六一五〜二四）、青山様御手代倉橋与四郎様と申す御方、栃木村・沼和田村・片柳村・平柳村右四ヶ村より同州部屋村へ御上米積運送仕り度き旨、村々申聞され候所至極に便利宜敷事に候間、是より通船相始め申し候」とある。嘉永元年（一八四八）の記録には、「巴波川通船の儀、元和八戌年日光御社参の節以来、日光御用荷物間々運送仰せ付けられ候」とあり、元和八年（一六二二）、徳川家康の七回忌に秀忠が社参し、その物資を栃木河岸で陸揚げして日光に運んだというのである。

江戸に幕府が開かれて一大消費都市となると、米や建築用の木材などが大量に必要となり、物資を運ぶ河川交通が発達した。都賀・河内両郡の荷は黒川（思川）や巴波川から渡良瀬川→利根川→江戸川を通る水路を利用して江戸に運ばれた。

栃木河岸と部賀舟

栃木河岸は巴波川の遡上終点に位置しており、左岸の栃木河岸と対岸の片柳河岸の二河岸があった。商品流通が活発化すると、上流に平柳（上新田）河岸、下流に沼和田河岸が設けられた。安永三年（一七七四）の回漕問屋数は栃木町一〇軒、片柳村三軒、平柳村・沼和田村・嘉右衛門新田村が各一軒とある。河岸が増加したのは、近傍の農村が河岸までの陸送費の負担軽減を望んでいたことや、商業活動を活発化させたい河岸の利害が一致したからである。危機感をもった栃木の問屋商人は

栃木河岸跡（倭町）

平柳河岸跡（泉町）

向島八幡

活動の禁止を幕府に訴え、文政四年（一八二一）に勘定奉行は新河岸側が栃木問屋を通さず独自に商いをすることを差止めている。

栃木河岸からの下り（積出し）荷は、米・麦・麻・牛蒡・葱・煙草や石灰・瓦であり、木材や竹は筏に組んで流した。上り（陸揚げ）荷は、塩・塩魚類や油粕・干鰯の金肥である。これらを扱う栃木商人は株仲間をつくり、仕入れや売捌きを独占したのである。

巴波川は水量は豊富であるが水流が速く、水深の浅いところもあって吃水の浅い船しか利用できず、「部賀船《べがぶね》」と呼ばれる五〇俵積の小型船が利用された（栃木地方ではこの部賀船を地名にちなんで「都賀船」と呼んだ）。下り荷は藤岡町の部屋・新波《にっぱ》の二河岸で大型（三〇〇〜五〇〇俵積）の高瀬船に積替えて江戸に直行した。江戸方面からの上り荷も両河岸で部賀船に積替えて、栃木河岸まで運んだ。巴波川の遡行は早瀬のため綱を曳いて上ったので、部屋河岸から栃木河岸の間には「綱手道《つなてみち》」と呼ばれる船を曳く道が設けられていた。錦町の向島八幡（藤助八幡）は、回漕問屋の長谷川藤助（上町年寄）が江戸向島八幡を勧請したものといわれる。栃木からの積荷の多くが向島で陸揚げされたので、航路の安全を祈願して建てたのであろう。

栃木町問屋の特権

栃木町問屋は油粕《かす》・干鰯《ほしか》・糠《ぬか》などの金肥《きんぴ》（購入肥料）や生活必需品の塩・塩魚の販売を独占し、周辺の村落はその商圏に属していた。この特権に果敢に挑戦したのが嘉右衛門新田村の岡田嘉右衛門と麻屋《あさや》茂平である。嘉右衛門らは新しい河岸を開設し、栃木河岸問屋の独占を突き崩そうとしたのである。栃木河岸後背地の山間部や例幣使道沿いの村々は巴波川上流に河岸ができれば荷の運送費が安くて済み、金肥も競争の原理が働き安値で購入することが期待できることから、都賀郡の四一か村が賛同して訴訟に加わった。

天保十二年（一八四一）十二月、嘉右衛門らは地頭（領主）の畠山家にこれらの品々につき江戸の元方（問屋）と直取引したい旨を願い出た。同年に水野忠邦が株仲間（営業の独占権を認められた同業者の組織）の解散令を出しており、この機会に栃木町商人の独占に風穴を明けようとしたのである。翌年三月、畠山基徳《もとのり》が公事方《くじかた》勘定奉行跡部良弼《あとべよしすけ》に照会したところ「勝手次第」との返答があったので、嘉右衛門らは幕府の許可が出たと意を強くして商売を始めた。

ところが、弘化二年（一八四五）六月、栃木町の「粕・干鰯屋渡世」八軒と荷を扱う「船持」三軒が幕府に差止めを求めて訴え出た。訴訟では四一か村も嘉右衛門新田村に味方し、栃木町商人が肥料俵に砂を混ぜたり、如雨露《じょうろ》で霧をかけて重く見せるなどの不正行為を働いたことを糾弾して農民の難儀を救ってほしいと訴えた。裁判が不利に運んでいる状況に落胆した四一か村惣代の平川村（都賀町平川）名主狐塚為蔵は翌年九月、死を賭して、登城する老中阿部正弘に駕籠《かご》訴《そ》（幕閣や大名の駕籠を待ち受け直訴すること）した。阿部は嘆願書は受取ったが、「差越願《さしこし》」（一定の手続きを経ずに訴えること）であるとして正式に受理せず、為蔵の行為を不問に付して宿預けとした。阿部老中は事を荒立てずに穏便に済ませようとしたのである。

弘化三年十二月、訴訟方の栃木町役人惣代源太郎、粕・干鰯類渡世惣代重蔵（後見清右衛門）、相手方の嘉右衛門新田村名主嘉右衛門、四一か村惣代平川村名主為蔵、大柿村（都賀町大柿）名主縫之助が評定所に呼び出され、若年寄・寺社奉行三人・公事方勘定奉行二人・町奉行二人の立会いのもとで、勘定奉行久須美《くすみ》祐明《ひろあき》から裁許が申し渡された。「嘉右衛門新田おゐて者《は》塩・粕・干鰯類栃木町より引受、売捌《さば》き候者格別、元方直仕入いたす間敷」と、栃木町の全面勝訴で決着した。その理由は、①文政四年（一八二一）に生魚や塩・粕・干鰯の取扱は栃木町にのみ認めるという先例があること、②株仲間解散令は府内（江戸）に限ったもので、在方百姓には適用されない、の二点であった。既に株仲間解散を命じた水野忠邦は失脚しており、幕府内では町奉行遠山景元らが株仲間の再興を老中阿部正弘に建議するなど、株仲間再興の気運が高まっていたことが背景にあった。その結果、金肥や塩の扱いはその後も栃木町が独占し、栃木町の北部に位置する四一か村は長くその支配から抜け出すことはできなかった。

嘉右衛門新田村側が河岸場の運用を栃木県から認められたのは明治四年（一八七一）十二月であり、翌年一月から通船が開始された。

河川通行の争論

巴波川は河川流域の村々にとっては大切な水源であった。元禄十一年（一六九八）、巴波川を利用する栃木・片柳・平柳三か村の船積問屋と下流域の古河藩領一二か村の間に「川筋往来争論」が起こり、翌年、幕府評定所から裁許状が出され、水を田に入れるために農民が設けた不用の杭を取り除くこと、綱手道は現状を維持し農民が勝手に利用しないこと、通船期間は農閑期の八月二十一日～三月九日とするなど、問屋側の主張がほぼ認められ、この裁定が争論が起きた場合の先例となった。その後も綱手道の利用について何度も訴訟となり、安政六年（一八五九）、問屋側が村側に金五〇両と毎年綱曳き損所修繕金一五両を支払うことで和解した。

コラム

喜多川歌麿と栃木の豪商善野一族

栃木町は巴波川舟運で江戸と直結し、町内には米や麻・肥料などを扱う問屋が軒を連ねていた。繁昌した町には江戸から様々な文化が伝わり、多くの文人墨客が来遊した。江戸後期に全国的に大流行した狂歌は地方の豪商や豪農に親しまれた。一世を風靡した絵師喜多川歌麿も筆綾丸《ふでのあやまる》を名乗り狂歌師として著名である。歌麿は寛政年間（一七八九～一八〇一）に栃木町を訪れ、狂歌を通して栃木の豪商と親交を深めた。栃木商人は交流のなかで、歌麿作品に讃を寄せたりしている。

歌麿の肉筆画で最大の作品は「雪月花」の三幅である。二幅は海外に流出したが、「雪」（深川の雪）は神奈川県箱根町の岡田美術館が所蔵している。縦一九八・九cm、横三四一・

おたすけ蔵

一㎝の浮世絵史上最大の肉筆画である。明治十二年（一八七九）、旭町の定願寺で町内諸家所有の書画の展観会があったが、その目録に「雪月花図紙本大物　三幅対　善野氏蔵」とある。この善野氏とは「金は釜喜・釜佐に仲之坊」とうたわれた豪商善野一族の釜屋伊兵衛であり、雪月花は明治十年代までは釜伊が所蔵していたのである。また、歌麿と狂歌を通じ交流のあった通用亭徳成《とくなり》は釜喜（善野本家）の当主釜屋喜右衛門（四代喜兵衛）である。釜喜は質と小間物・醤油商を幅広く営み、壬生藩御用達でもあった。㈶氏家浮世絵コレクション所蔵の「めんない千鳥図」の箱蓋裏面に「通用亭蔵」と記されているので、喜右衛門が所蔵した時期があったことになる。ボストン美術館蔵「三味線を弾く美人図」にも通用亭の狂歌が載せられている。喜右衛門の子五代善野喜兵衛も三善阿曾美真袖《みよしのあそびまそで》の狂歌名で『下野国誌』の著者河野守弘らの国学者と幅広く交際している。

現在、栃木市には「女達磨《だるま》図」「三福神相撲図」「鍾馗《しょうき》図」などの肉筆画が残っており、これらの三点は歌麿が栃木滞在中に町の有力町人の依頼に応じて描いたものであろう。

こうした豪商も近代になると経済の変動に抗しきれず、多くが廃業した。釜屋佐次平

（釜佐）家は時代の荒波を乗り越えて今に続いており、江戸後期に建てられた土蔵二階建のおたすけ蔵（万町）は「とちぎ蔵の街美術館」として保存利用されている。

二、近世の大名

天正十八年（一五九〇）、豊臣秀吉の小田原城攻略以降、下野国の戦国大名の多くは改易となり、さらに関ヶ原合戦後は譜代大名が配置され、下野国は御領（幕府直轄地）と大名領および旗本知行地に分割された。

下野国最大の譜代大名は宇都宮藩である。藩主家の交代はあったが、一八世紀後半に戸田忠《ただ》寛《とお》が石高七万八、〇〇〇石で入封して藩主家の定着をみた。下野大名は三～一万石の小大名が多く、栃木市域に陣屋を構えた大名も同様である。寛文四年（一六四四）に四代将軍家綱は諸大名に一斉に領知承認を行った。寛文印知《かんぶんいんち》と呼ばれ、以後将軍の代替わりごとにこの形式が踏襲された。これらの小藩は居館周辺にまとまった領地を持っていたわけではない。たとえば、吹上藩一万石は居所のあった都賀郡に五か村三、五一八石余、河内郡に五か村一、二六八石余、芳賀郡に六か村一、二一六石余と下野国内に約六、〇〇〇石を領し、ほかにも伊勢国多気・河曲・三重三郡に領地が散在していた。

○皆川藩

寛永十七年（一六四〇）に榎本藩主本多犬千代の死去を受け、徳川一門の松平（能見）重則《しげのり》が上総国百首《ひゃくくび》から一万五〇〇〇石で入封して立藩したという。松平家は重則・重正・重利の三代にわたり在封したが、寛文五年（一六六五）に重利が夭折したので、無嗣断絶となり除封された。しかし、寛文四年の松平重利の領地目録に皆川城内村の記載がないことから当地に居所を置いたことを疑問視する見解もある。

元禄十二年（一六九九）に武蔵国金沢一万石の藩主米倉昌尹《まさただ》（若年寄）が下野国内などに五、〇〇〇石を加増されたのを機に皆川に陣屋を設置して立藩し、昌明・昌照・忠仰《ただすけ》と四代にわたり在封した。米倉家は参勤交代を行わない定府《じょうふ》大名である。享保七年（一七二二）に居所を再び金沢（六浦）に移したので廃藩となった。皆川藩の陣屋がどこに置かれたのかは不明である。皆川城内村は幕末まで六浦藩領であり、都賀郡内領地を管轄する代官所が置かれた。

○榎本藩

本多正純（宇都宮一五万五、〇〇〇石藩主）の弟忠純《ただずみ》が、慶長十年（一六〇五）に榎本において一万石を与えられて立藩した。元和元年（一六一五）に忠純は皆川周辺に一万八、〇〇〇石を加増された。忠純は寛永八年（一六三一）に家臣の手にかかって殺害され、榎本大中寺に葬られた。江戸幕府が編纂した史書『徳川実記』によれば、忠純は大坂夏の陣において首二一七をとる軍功をあげた武辺者であるが、「日頃短気にて家士を苦しめ、聊の過失あれば、手討にすること多し」とある。過失のあった家臣かせとの大助は処分を恐れ、江戸から国元に戻る忠純を栗橋でもって殺害したというのである。本多家は政遂《まさもろ》を経て、三代犬千代がわずか五歳で早世したので除封された（『新編物語藩史』は忠純が皆川領を加増されたときに皆川藩を興したとするが、『徳川実記』には幕府の使番が城受取りに出向いたのは「榎本の地」とあるので、本書では皆川藩立藩説は採らない）。

○西方藩

慶長五年（一六〇〇）、藤田信吉が西方周辺において一万五、〇〇〇石を与えられ入封した。

藤田信吉五輪供養塔

信吉は武田氏・上杉氏・徳川氏に仕えた外様大名である。大坂の陣で榊原康勝の軍監を命ぜられたが、そのときの戦闘指揮に失敗があったとして咎められて改易され、廃藩となった。陣屋は西方城に置かれたといわれる。西方町元にある曹洞宗実相寺には藤田信吉の墓と伝えられる五輪供養塔がある。

○**富田藩**
慶長十八年（一六一三）、下総国岩富一万石の藩主北条氏重（保科正直の四男）が下総国岩富から富田（大平町富田）に移封されて立藩した。元和四年（一六一八）に氏重は伏見城番を命ぜられ、翌五年遠江国久野《くの》に転じたので廃藩となった。

○**大宮藩**
貞享元年（一六八四）、大老堀田正俊（古河藩主）は稲葉正休《まさやす》に江戸城内で刺殺された。遺領一三万石の内下野国都賀郡二万石が次男正虎に分与され、大宮村（大宮町）を居所として立藩した。正虎は元禄七年（一六九四）に兄正仲の病死により、その末期《まつご》養子となって陸奥国福島藩一〇万石を継いで転出したので廃藩となった。

○**吹上藩**
天保十一年（一八四〇）、上総国五井一万石の有馬氏郁《うじしげ》が、上総国内の領地を下野・伊勢両国内に領地替えとなり、同十三年に吹上に居所を移して立藩した。有馬家は氏郁・氏弘と在封し、明治維新を迎える。有馬家が陣屋を構えたのは、戦国時代に皆川氏の一族膝附氏の居城であった吹上城跡である。この地には、寛政五年（一七九三）に幕府領支配のための代官陣屋が置かれたこともあった。

有馬氏は筑後久留米藩主有馬氏の支流で、頼次が三代家光の弟徳川忠長の家臣となり一万石を領した。忠長の改易後、養子吉政が紀州藩主徳川頼宣《よりのぶ》に仕え、孫氏倫《うじのり》のとき吉宗が八代将軍となると吉宗に近侍し、享保十一年（一七二六）に一万石を与えられて伊勢西條藩主となり、譜代の待遇を受けた。その後、氏郁が上総五井藩主を経て吹上に移封されて吹上藩を興した。

コラム

らくの局と栃木

四代将軍徳川家綱の生母宝樹院は三代家光の側室であり、「らくの局」とか「らくの方」と呼ばれた。『徳川実記』によれば、らくの局は都賀郡高島村（大平町下高島）の「処士」（浪人）青木三太郎利長と島田村（小山市）の増山織部某の娘紫との間に生れた。紫は利長と死別すると、古河藩永井家の浪人七沢清宗と再婚して浅草辺りに住していた。らくはそこで家光の乳母春日局の目に留まり一三歳で大奥に入り、家光の寵を得て寛永十八年（一六四一）に世子家綱を生んだ。これにより、母紫も「まし山のかた」と呼ばれて大奥に入り、将軍家の覚えが愛でたかったという。らくの姉は高家（幕府の儀式や典礼を司る高禄の旗本）の品川高如《たかゆき》に嫁ぎ、弟二人も

青木三太郎利長の墓

幕府に登用された。兄の増山正利は参河西尾二万石の藩主となり、弟の資祇《すけただ》は旗本の那須家を継ぎ、後に那須郡内に一万二、〇〇〇石を与えられ、那須藩を立藩した。異父弟も交代寄合（非役の大身旗本）平野家の養子となり、妹は長府藩の支藩清末《きよすえ》藩主毛利元知の室となった。また義父の清宗も老いを養うためとして、月俸二〇〇口を賜わっている。

大平町下高島の宝蔵寺には青木利長の墓がある。母方の姓を継いだ増山正利が承応三年（一六五四）六月に建てたものである。平井町の太山寺《たいさんじ》はらくの局の支援で再興されたといわれ、宝樹院の院号はらくの局の法号に因むものである。境内の枝垂れ桜はらくの局が手植えしたとの伝承がある。

三、陣屋と地方支配

幕府の直轄領は五代綱吉の時代に四〇〇万石に達した。この幕領を管理したのが代官である。代官支配の村を支配所といい、代官が駐在する施設の敷地を陣屋、役人が執務するところを役所と呼んだ。代官は勘定奉行の指揮系統に属し、五万石ほどの直轄領を管理した。年貢の徴収や財政全般、警察・裁判を任務とした。代官の役高は一五〇俵であり、下級の旗本が任命された。家禄が役高よりも不足すると在職中差額が補填される足高《たしだか》がとられ、ほかにも役料が支給された。代官の下僚には一〇～一五人の手代がおり、その下に書役などの地役人や足軽・中間がいた。手代は代官の手足となって徴税を担当したので人選には気を配った。代官仲間から選ばれる伝達（世話役）と相談したり、手代の経験者などから採用した。手代は幕臣ではなく、代官任期中の採用であり、身分は不安定であった。手代のなかには不正を働き蓄財に励む者もいたので、代官は監督責任を問われかねなかった。そこで、江戸後期になると勘定奉行柳生久通のとき、御家人から任命した手付（職禄二〇俵二人扶持）を創設し、手代の行動を管理させた。

また、江戸中期以降、関東は旗本知行所となる村が増加し、一村を複数の領主が分有することも多かった。これを旗本からみると、散在する数か村を支配するので年貢の徴収には不便であった。そこで、旗本は知行所支配のために在地陣屋を置いて、近隣の領内を支配した。陣屋には代官を派遣したり、村役人から選ばれた地役人が領主達書の伝達や様々な業務を行った。たとえば、知行高一、五〇〇石の堀家は都賀郡内の知行所である上奈良部村（鹿沼市）・原宿村（都賀町原宿）千手村（千塚町。明治九年犬塚村と合併し千塚村となる）・中宿村（西方町本城。明治九年本城村となる）・下宿村（西方町本郷。明治九年本郷村となる）の在地陣屋を千手村に置き、江戸から派遣された役人の指示を受けて、名主の琴寄家が割元役となって五か村を管轄し、年貢・諸役の割当てを行った。

(1) 吹上陣屋と藤岡陣屋

天明の大飢饉で北関東や東北の荒廃は著しく生産力が低下し、税収が落ち込んで幕府財政は破綻寸前となった。寛政の改革を推進した松平定信は疲弊した農村を復興するため、代官に出身を問わず有能な人材を登用した。代官は在府のまま検見（作柄の検査）のときに任地に赴くものが多かったが、定信は荒廃著しい地方に陣屋を設けて代官を派遣し、農村復興に努めさせた。こうした代官のなかには一定の成果をあげて後世に名を残した者もいる。

とくに荒廃が著しかった北関東には、寛政六年（一七九四）、上野国岩鼻陣屋（高崎市）に吉川貞寛・近藤和四郎、下野国吹上陣屋に山口高品《たかかず》・菅谷嘉平次、翌年に下野国藤岡陣屋に岸本就美《なりよし》・田辺安蔵を派遣し、各々立会（二人一組）で支配にあたらせた。彼らは正式の代官ではなく、勘定組頭直支配のもとで幕領支配にあたったのである。身分は勘定所の支配勘定（役高一〇〇俵・御家人）であった。寛政十一年には常陸国上郷（つくば市）と下野国真岡に出張《でばり》陣屋が置かれたが、これは江戸在府の代官竹垣直温《なおあつ》が設置した出張陣屋である。

山口鉄五郎高品は、寛政五年（一七九三）三月、美濃郡代の手代から勘定所の役人となり、都賀郡吹上村（吹上町）に吹上陣屋を開設した。支配地は那須・塩谷・都賀・河内の各郡と武蔵国内に併せて五万石である。はじめは菅谷嘉平次《すがのやかへいじ》との立会支配であったが、のちに専任となり、文政四年（一八二一）五月に病死するまでつとめた。この間、間引《まびき》の禁止、北陸からの入《いり》百姓（入植者）による開発、漆木の栽培奨励、那須野開墾（山口堀の開削）などを行っている。享和三年（一八〇三）に那須郡八木沢村（大田原市）に出張陣屋を置き、那須郡五八か村、塩谷郡四か村の一万八、七〇〇石余を管轄させ、日常の事務を担当する手代を常駐させた。

岸本武太夫就美は美作国押入村の庄屋の子であり、倉敷代官手代を経て、寛政五年十一月に田辺安蔵と立会で当分御預かり所を含む五万四、四〇〇石余の支配を任され、二万五、六〇〇石の支配地のある下野国の都賀郡藤岡村（藤岡町藤岡）に藤岡陣屋を新設して赴任した（陣屋が置かれた場所は不明である）。翌六年には芳賀郡六〇か村二万石を管轄する出張陣屋を東郷（真岡市）に設けた。寛政十年、立会支配から岸本の単独支配となると、支配地も六万八、〇〇〇石に増加した。岸本の施策も山口と同様に、戸口の増加、荒地の起返《おこしかえ》し、入百姓の拡大などである。寛政十二年には藤岡から東郷に代官役所を移した。

山口が設けた吹上陣屋と八木沢出張陣屋は山口死後の二年後、文政六年（一八二三）に真岡陣屋に併合された。さらに嘉永元年（一八四八）、真岡代官山内惣左衛門が真岡・東郷の両陣屋を併合し、以来、下野国内の幕府領八万六、〇〇〇石は真岡代官が支配するところとなった。慶応四年（一八六八）五月、代官山内源七郎が明治新政府軍に斬殺されると、鍋島幹が真岡知県事に任命され、下野国内の旧幕府領・旗本領を管轄した。

(2) 足利藩陣屋と畠山氏陣屋

○足利藩栃木陣屋

宝永元年（一七〇四）、戸田忠利が甲府八、〇〇〇石から三、〇〇〇石の加増を受け、下野国足利・梁田・河内・都賀郡に一万一、〇〇〇石を与えられ、翌年足利に入部して足利藩が成立した。忠利は六代将軍徳川家宣の側近であり、御側衆として大名に取り立てられたのである。

以来、栃木町は足利藩領となり、都賀郡内の領地を管轄する陣屋を栃木城内村に置いたが、寛政元年（一七八九）に栃木町裏町（現旭町）に新築移転した。陣屋の規模は東西三〇間（五五メートル）、南北五〇間（九〇メートル）、周囲は幅六尺（一メートル）の堀と土塀に囲まれていた。表門は裏町通りに面した西側にあり、役所・白州《しらす》・道場・奉行所宅・下役居所・陣屋稲荷があり、南側は馬場兼射的場になっていた。

明治四年（一八七一）の廃藩置県によって足利藩が廃止されると、栃木陣屋は栃木県の管轄となった。明治七年七月、栃木県は旧陣屋敷地一、三四五坪と満福寺上地《あげち》一、三二三坪を官庁地として司法省に引渡し、その跡には栃木裁判所が建てられた。

○畠山氏陣屋

栃木町の木戸外にある嘉右衛門新田村（嘉右衛門町）は近世後期、例幣使道沿いに人家が立ち並び、巴波川沿いに船積問屋もあって町場を形成した。貞享二年（一六八五）に旗本畠山氏領となり、明治維新まで一八〇年あまり、畠山氏の采地《さいち》（知行所）であった。畠山氏は摂津・下野両国に五、〇〇〇石が与えられ、都賀郡に一三か村四、五〇〇石を領有した。畠山基玄《もとはる》は元禄元年（一六八八）に嘉右衛門新田村に陣屋を構えて一時ここに居したが、同九年、高家《こうけ》（幕府の儀式・典礼を司る高禄の旗本）に復すると定府《じょうふ》（江戸府内に在勤すること）になったので、家臣を代官に任じて一三か村の支配にあたらせた。

陣屋が置かれたのは名主の岡田嘉右衛門の屋敷地内である。岡田家は代々嘉右衛門を通称した村の開発者であり、村名は嘉右衛門新田村と呼ばれた。

畠山氏陣屋跡

現岡田嘉右衛門宅がその陣屋の跡であり、現存する門は陣屋時代のものである。幕末の岡田家当主嘉右衛門親之は文久三年（一八六三）に家督を長男に譲ると岡田主殿《とのも》を名乗り、五人扶持を拝領して陣屋代官に任命されて畠山家中となった。慶応四年（一八六八）に代官職を辞して家中最高位の用人に抜擢されたが、在府することなく、代官を指揮して下野国内知行地の取締りにあたった。

明治二年五月、足利（畠山）木《き》久麿《くまろ》が太政官に領地奉還願を上申し、三年八月に陣屋引払い届を日光県（→栃木県）に提出した。敷地は岡田家に返され、家作は明治四年に五〇両を六年間、合計三〇〇両で畠山家より購入した。現在は「代官屋敷岡田記念館」として一般公開されている。

四、江戸時代の村

(1) 相給の村々

元禄十一年（一六九八）、幕府は蔵米《くらまい》取りの旗本（禄米を支給された旗本）に知行所を与える仕組みに変更した。「元禄地方《じかた》直し」と呼ばれるこの政策によって、関東では旗本知行所が増加した。下野国は譜代の小藩が多く、幕府領や旗本知行所、他国大名の飛地や寺社領が入り組み、そこに多数の旗本領が加わったので、領地編成は極めて複雑になった。

元禄地方直しによって、下野国は約一〇〇人の旗本に割り振られたといわれる。この割振りは一村全体を一人の旗本に与えることもあったが、多くは数人に分割支給する相給《あいきゅう》であった。

たとえば、江戸後期の寺尾地区は六か村があり、尻内村が六給（藩領一・旗本領五）、大久保村が五給（旗本領五）、梅沢村が三給（藩領二・寺領一）、出流村と鍋山村が各二給（藩領一・寺領一）、星野村が一旗本領である。藤岡町域に古河藩領の村が多かったのはむしろ例外である。市域で分割支給が多かったのは片柳村で、幕末には旗本九人に分給されていた。

相給領主の支配地は一村内のあちらこちらに散在し、支配下の農民も集落内に混在しており、村としてまとまっていたわけではなかった。農民からみると、分給は田畑・屋敷単位に行うので同じ村の農民でも隣人が他領主の支配にあることもあり、他領にも農地を持つのが一般的であった。一所にまとまった一人の農地であっても複数の相給領主に所属する場合もあったのである。しかしこうした農民の田畑（持ち高）の分割は現実的ではなく、あくまでも帳簿上のことであり、年貢はその領主の配分に応じて徴収・納付されたのである。

このような状況では、年貢の納入は村全体が協力してあたらなければ不可能であり、ほかにも用水の管理、道路の普請や秣場《まぐさば》（共有地）の利用、寺院や神社の維持など、村民生活は一村としてまとまって行っていたのである。相給村はたとえば五給であれば、給ごとに名主・組頭・百姓代の村役人が置かれたので一五人の村役人がいたことになる（石高の低い場合は三役すべてが揃わないこともあった）。相給村の村民たちは知行を超えて寄合をもち、村一統の村掟を定め、年番や月番の名主を置いて、村内の様々な問題の調整に取り組んだのである。

(2) 新田開発

江戸時代は新田開発の時代であったと言っても過言ではない。十七世紀、徳川家康から五代綱吉の一〇〇年間は石高が著しく伸びており、全国的に河川改修や沼沢地の埋め立てが進められた。国絵図や郷帳類に載せる下野国の総石高は、慶長三年（一五九八）、三七万四、〇八三石、正保元年（一六四四）、五六万八、七三三石、元禄九年（一六九六）、六八万一、七〇二石、天保二年（一八三一）、七六万九、九〇五石であり、慶長から元禄に至る一〇〇年の間に一・八倍も増加している。田畑の増加は、治水・灌漑技術の進歩や肥料の改良に加え、戦国時代が終焉して領主による大規模な労働力の動員が可能になったことによる。新田には、村民が開墾した耕地を村高に加算する持添《もちぞえ》新田と、開墾によって新しい村をつくる村立《むらたて》新田がある。前者は小字名として現存しているが、後者は明治時代の村合併によって失われている場合が多い。

正保元年に作成が命じられた正保郷帳によれば、栃木市域の村落数は一四〇村、そのうち新田の名称がつくのは、嘉右衛門新田村と旧大平町の豊後新田村・兵庫新田村、旧藤岡町の石川新田村・帯刀《たてわき》新田村・惣十郎新田村・鐙《あぶみ》新田村・三蔵《さんぞう》新田村である。嘉右衛門新田村は岡田嘉右衛門が開墾し、慶長十七年（一六一二）に検地が行われ、箱之森村から分村した。隣村の平柳村も江戸初期の開発であり、例幣使道沿いは平柳新地とも呼ばれた。旧大平町の兵庫新田村は永禄年間（一五五八〜七〇）に渡辺兵庫頭真明が、豊後新田村は豊後守某が開発し、村名は開発者に因むという。藤岡町の五村も近世初期の開発であり、村名に土豪の名が付いている。最初の新田は巴波川・永野川や赤麻沼周辺の低湿地を、土着した武士が近隣農民を動員して開発した土豪開発型の新田である。

正保郷帳から五〇年後に作成された元禄郷帳に新たに見えるのが旧岩舟町の茂呂新田村・富士山新田・中島村・水掛《みつかけ》村、旧藤岡町の高沙《たかさご》村・西高沙村・篠山村・横堤村・鎌立村・赤渋村・恵下野《えげの》村、旧国府村の癸生《けぶ》村・柳原新田の一三か村である。茂呂新田村と富士山新田村は茂呂村の枝郷である。藤岡町の七か村は谷中《やじゆう》郷と呼ばれ、赤麻沼の南に立地する広大な湿地帯であったが、寛永年間（一六二四〜四三）に谷中郷を囲む堤防が築かれると、赤渋湖の埋立てや低湿地が開墾されることによって成立した。高沙・西高沙・篠山・横堤の四村は下宮村の枝郷、鎌立・赤渋・恵下野の三村は野渡《のわた》村（下都賀郡野木町）の枝郷であり、下宮・野渡村の農民が入植して開発した新田である。癸生村は大塚村（大塚町）の枝郷であり、柳原新田は癸生村の枝郷である。柳原新田の鎮守桜木神社は壬生氏の滅亡で癸生村に土着した大木義右衛門義尚が、天正十八年（一五九〇）に開発に着手し、慶長三年（一五九八）、鎮守として稲荷社を創建した。正保元年（一六四五）に村民が義右衛門の遺徳を称えて合祀し、桜木稲荷と改称したという。義尚の祭神名から室町幕府九代将軍足利義尚とする文献もあるが誤りである。

天保二年（一八三一）の天保郷帳になると、新田村は急激に減少し、旧西方町の菅原新田村と旧栃木町の大杉新田村のみである。菅原新田は元文五年（一七四〇）に江戸の町人鳥屋磯五郎が幕府に願い出て、金井村（西方町金井）が中心となって開発した町人請負新田であり、周辺八か村の入会地に散在している。村名は金井村の鎮守天神（菅原神社）に因んだものといわれる。大杉新田は延享三年（一七四六）に平柳村より分村したといい、天保郷帳の石高は一五石弱である。大杉新田の西の箱之森村では寛保元年（一七四一）、三給の名主が幕府に新田の開発を願い出、延享二年（一七四五）に一七石一斗八升が検地された。箱森新田は後に古河藩領となり、それを機に箱之森村からの分村を図ったが認められなかった。箱森新田は独立志向が強く、独自の鎮守稲荷大明神を祀っていた。文政十一年（一八二八）の記録では、百姓一流渡世（専業農家）が二軒、農間に商渡世をする家が一七軒、居酒屋渡世が三軒とある。箱森新田は例幣使道に面していたので、農間に商いをする者が多かったのである。

(3) 関八州取締出役と「合戦場一件」

関東取締出役《かんとうとりしまりしゅつやく》は支配勘定役であった山口鉄五郎（吹上陣屋）の発言がきっかけになって設置されたといわれる。明治時代に作成された『旧事諮問録《くじしもんろく》』に載っている元代官手代・関東取締出役宮内公美の話として、山口が関東は相給が多く支配関係が複雑なので警察権の行使に難儀していると指摘したところ、評定所で評議して、文化二年（一八〇五）に関東取締出役（通称八州廻り）を置くことになったという。取締出役は関東の幕府領や私領（大名領・旗本知行所・寺社領）にかかわらず、廻村して風紀の取締りや無宿・悪人の捕縛を任務とした。勘定奉行石川左近将監は山口ら関東代官四人を召出し、配下の手付・手代から二人ずつ計八人を選ばせ、取締出役に任じて役目を担わせた。手付は御家人、手代は農民や町人出身者が多く、そのなかから選ばれた取締出役の身分は低かった。八人だけで関東全域を廻村して治安維持を行うのは困難であったので、取締出役は事情に通じた手先（道案内）を抱えていた。手先は博徒など二足の草鞋《わらじ》を履く者が多く、不正を働く者もおり、取締出役は手先の人選には気を使った。

取締出役は二人一組となって交代で廻村したが手が足りず、文政九年（一八二六）に三人が増員された。翌十年には関東全域を数一〇か村規模からなる改革組合村に編成した。中心となる町村を寄場と呼び、大惣代や寄場名主《よせばなぬし》を置いた。寄場名主は取締出役の命を受けて組合村の治安にあたったが、天保の大飢饉以降は農村の荒廃が進んで治安は悪化する一方であった。

こうしたなか、天保十年（一八三九）に取締出役が全員罷免されるという疑獄事件が起きた。事件は「合戦場宿一件」と記録にあるように、都賀郡合戦場宿（都賀町合戦場）に発端があった。合戦場宿は天保十四年の家数が一〇五軒、本陣・脇本陣が各一軒、旅籠屋が二五軒、宿内の住民が四四四人という中規模な宿場であった。享和二年（一八〇二）に宿の衰微を救うため飯盛女《めしもり》を置くことが認められ、農家で旅籠屋や茶店を営む者が増加して賑わっていた。「合戦場宿・金崎宿四十三ヶ村組合」の寄場は合戦場宿に置かれていた。寄場は取締出役が廻村するときの宿泊地であり、捕縛した囚人を一時的に預かる「圈《おり》」（仮牢）が設けられていた。

天保九年、公事方勘定奉行に就任した遠山景元（天保期の勘定奉行・江戸町奉行・大目付。通称の遠山金四郎は講談・時代小説の主人公として有名）は取締出役の不正内偵を始めた。翌年二月、関東代官羽倉外記から、取締出役の手先「野州合戦場宿百姓福松屋太六」と太六の子分で「本陣藤三郎」が火附盗賊改与力高梨四郎兵衛に音物《いんもつ》（賄賂）を贈り、盗賊を貰い下げたとして勘定奉行所に訴えがあった。吟味の過程で、多数の取締出役・道案内や組合村の大・小惣代ら村役人の不正が次々と明らかになった。彼らの不正や収賄は関東一円に及び、栃木町でも取締出役堀江与四郎・畔柳良四郎・堀口泰助が芝居興業にからんで町年寄儀助から金銭を受領し、道案内福松屋太六も関与していたことが判明した。

こうして、取締出役全員の罷免、取締出役と同じく関東の治安を預かる火附盗賊改与力・同心らが処罰され、贈賄側の村役人・道案内からも多数の処罰者を出した。なかには不正のない取締出役もいたが、全員を罷免することで、取締出役と道案内、組合村役人らの癒着を断ちきり、綱紀粛正を図る荒療治となり、関東の町村に大きな衝撃を与えた。

幕府は天保十五年（一八四四）、それまで不安定であった道案内の立場を明確にし、組合村が道案内を選出し、その手当も組合村で負担することに改めた。道案内を組合村に配置して組合村が治安維持に責任をもち、取締出役の活動を円滑に進めようとしたのである。

幕末の農村は博徒・無宿や浪人以外にも、物価高騰に苦悩する農民の不穏な行動（一揆・打ちこわし）や討幕派の暗躍があり、治安は一向に改善されなかった。栃木市でも水戸天狗党や出流山挙兵事件など地域を巻き込む事件が相ついだ。取締出役は自前の軍事力を持たなかったので、天狗党の討伐に直接かかわることはなかったが、逃亡した浪士の捕縛や動揺した農村の警戒にあたった。慶応三年（一八六七）の出流山事件の参加者は多くが近在の農民や浪人であり、統率もとれていなかった。この事件では、渋谷鷲郎・望月善一郎・宮内左右平・木村越蔵の取締出役四人が上野国の農兵五〇〇人を動員して鎮圧にあたった。それまで軍事は武士の特権であり、農民は「陣夫」として戦場に動員されることはあっても、軍事力の担い手になるようなことはなかった。農兵の登場は士農工商の身分制を揺るがす兆しとなったのである。

コラム

栃木市に残る傍示杭

江戸時代、幕府や大名・旗本は他領との境界に杭や石柱をたて、支配地の境界を標示するようにしていた。一般に「傍示杭《ほうじくい》」と呼ばれ、幕領のものを御料傍示杭、藩領・旗本領に建てられたものを私領傍示杭という。歌川広重の『東海道五拾三次』にも傍示杭を描いた作品が数点ある。木製の傍示杭は朽ちて現存しないが、石製のものは現在まで残っており、栃木市にも数点が現存している。合戦場宿（都賀町合戦場）の「関宿領道標」は

関宿領道標

宇都宮領境界標

「従是《これより》南　関宿領」と刻されており、現在は合戦場公民館の敷地に移されている。元は例幣使街道の合戦場宿本陣の脇にあり、関宿藩久世氏が旗本藪氏領（上町）との境界にたてたものである。藪氏領合戦場宿と升塚村との境界にも傍示杭があったが、現存していない。金崎宿（西方町金崎）の「宇都宮領境界標」は「従是北　宇都宮領」と刻されている。現在は愛宕神社の南にたっているが、元は金崎宿の南入口にあったものである。宿の北側にも傍示杭はあったが失われている。また、金崎宿と接する和久井村（西方町金井）にも村境に傍示杭が設置されていたが残っていない。

栃木市と接する下都賀郡壬生町は江戸時代後期、壬生藩鳥居氏の居城があり、市域の家中村・大塚村は壬生藩領であった。家中村（都賀町家中）にあった傍示杭の正面には「従是南　壬生領」、側面に「下野国都賀郡　家中村」と刻まれており、この傍示杭は現在、壬生城址公園に移されて保存されている。公園内の壬生町歴史民俗資料館には、大塚村（大塚町）の傍示杭の一部が保管されている。

五、近世の寺院と神社

(1) 村の寺社

江戸時代になると、中世の郷や荘は解体され、小さな地域集団の村に分割された。郷や荘の支配者であった土豪（在地武士）は蔵米取となって城下に集住するようになったので、寺社は保護者を失い、地域の村落や農民に支えられる時代になった。村落には檀那寺《だんなでら》と呼ばれる寺院と鎮守《ちんじゅ》と呼ばれる村を代表する神社があり、寺社は領主から寺社領や除地《よけち》（朱印地以外で免租とされた土地）が与えられた。寺は村に数か寺があり、僧侶は村民の葬儀を扱い、村民の戸籍に証印する権限を有して政治的地位は高く、神職も寺の檀家にならなければならなかった。

村落はいくつかの小集落（坪とか組と呼ばれた）に分かれ、ここにも神社があり、集落の人びとによって祀られていた。鎮守を始めとするこれらの神社は、①神職が祭祀や管理を行うもの、②僧侶や修験《しゅげん》（山伏）が別当をつとめるもの、③村持ちといって日頃は村や集落、名主が管理し、祭礼のときに近村の神職や修験を招いて行うものがあった。江戸後期に編纂された『鹿沼聞書《ききがき》』所載の下野国神社九五四社のうち、①が三七五社(三九%)、②が四五六社(四八%)、③が一二三社(一三%)である。栃木市域では①が二六社、②が三七社、③が二二社で、②が多い。

祭礼は村民の精神生活と深く関係し、豊作を祈願する春の祭り、収穫を感謝する秋の祭りが中心であった。祭りは人びとの気持ちを高揚させ、村芝居や相撲などが行われ、娯楽という一面もあった。神社は一般に寺より起源は古いが、政治的権力を持たず、神社に奉仕する神職や修験の地位は低かった。

都賀郡家中村(都賀町家中)は、宝永八年(一七一一)の村明細帳によれば、一〇石の寺領を持つ真言宗光明寺(山城国愛宕郡醍醐無量寿院の末寺)と末寺の良仙院・宝蔵院・玉蔵院・西光院、真言宗金照院(都賀郡国府村勝光寺の末寺)と末寺尊乗院、さらに修験寺の宝寿院の八か寺があった。文化十五年(一八一八)の宗門人別帳によれば、光明寺に七人、金照院に一人の僧がいたが、ほかの寺院は無住であった。神社は上畑一反五畝三歩の除地を与えられた鷲宮大明神が鎮守社であり、神主権太夫が奉仕していた。ほかにも光明寺持ちの山王権現・住吉、宝寿院持ちの愛宕・星宮、村民持ちの八幡・八龍神・禰々神・阿津間明神・下八龍神・新八幡・神明・山王権現・山王権現・愛宕・星宮など、実に一七もの神社があった。

(2) 村と宮座

近世社会はあらゆる階層に家格があった。村の構成員は本百姓と水呑・下人などの別があった。本百姓は検地帳に登載された田畑・屋敷地を持ち、年貢・諸役を負担する一軒前の農民である。本百姓は村の寄合に出席して村政にかかわり、水呑との身分差は明確であった。開村からの土豪や草分けといわれる有力農民は名主を世襲するなど特権的な地位を有しており、一般の平百姓より上位に立っていた。本家と分家も上下の関係にあったが、商品作物の栽培が盛んになる十八世紀以降になると、経済力をつけた平百姓や分家が台頭し、旧来の家で没落するところもあらわれるなど、勢力の交代がみられた。

こうした家格が具体的に現れたものに宮座がある。鎮守社の神事の行司役や祭礼の座席は家格によって厳しく決まっている場合が多く、村の上層農民が独占して結束の場になっており、宮座は村の家格や身分秩序を象徴するものであった。西方町本城の近津大明神は西方郷一四か村の惣鎮守である。鎌倉時代に宇都宮大明神（宇都宮二荒山神社）を勧請したのが始まりで、宇都宮一族の西方氏が西方郷の領主になると領内支配の中心として信仰された。西方氏は主家の宇都宮国綱の改易で断絶し、家臣の多くは西方郷に土着し帰農した。西方氏の旧臣であった六七家が大明神の氏子として宮座の構成員となり、神主も六七家の阿久津家が世襲し、祭礼を執行した。嘉永六年（一八五三）に金井村の中田幸助・川島久左衛門が宇都宮氏の旧臣なのに神社の昇殿が認められないのは不当であると宮座に訴えたが、六七家のみが「宇都宮弥三郎様」から認められた権利であるとして拒否された。六七家は宇都宮・西方氏没落後も、譜代として両氏と主従のかかわりを維持していた。宇都宮弥三郎とは国綱の子義綱であり、子孫は代々水戸家に仕えた。天保十四年（一八四三）に水戸藩が実施した野鳥狩りに、宇都宮氏は西方郷居住の旧臣らに供奉するよう要請しており、江戸時代後期まで両者のかかわりは続いた。宮座の構成員は宇都宮氏や西方氏の旧臣として高い家格を誇示し、宮座は村の秩序の柱であった。

近津神社

都賀郡底谷《そこや》村（藤岡町藤岡）は開発者の平間外記の子孫の平間一門が世襲名主となり、村内の諏訪明神の管理や神事執行を差配し、祭礼の座席も平間一門と池田・小嶋・北村の草分けが独占するのを郷例とした。ところが、徐々に平百姓が台頭するとその独占が崩れ、「村中相談」で決めるようになった。正保四年（一六四七）から諏訪明神の遷宮は村中で行い、寛文四年（一六六四）に古河藩検地で諏訪明神に免田一反五畝が除地として認められると、村中で免田を管理し、年二回の祭礼用の酒も当番を決めて準備するようになった。また、寛永九年（一六三二）に、村内鎮守天神（天満宮・旧村社）の宮座も村中が談合して決めるように変わった。都賀郡木村（都賀町木村）は七給であり、村内の八幡宮は朱印地六石を有し、別当の華厳寺が管理していた。祭礼には芝居興行が行われ、村民の楽しみになっていた。芝居の桟敷は草分け名主と華厳寺が掛けるのが郷例であったが、寛政八年（一七九六）に華厳寺が村民と組んで桟敷料を取ろうとして一部の名主と対立している。

(3) 離檀運動と鎮守社をめぐる争い

都賀郡家中村（都賀町家中）の鷲宮大明神は村鎮守として村人の信仰を集めていた。神主の菱沼家は村内の真言宗金照院（国府村勝光寺門徒寺）の檀家であった。神道家元の吉田家が葬儀に仏僧を関与させず、吉田流の葬儀を行うと、配下の神職もそれに倣って神葬祭を所望するようになり、幕末には全国的に離檀運動が展開された。菱沼紀伊も強く離檀（檀家を離れること）を希望し、檀頭（檀家総代）や村方三役と相談し、金照院や壬生藩寺社奉行への訴願という手続きを経て、弘化二年（一八四五）四月、「当人并嫡子」の離檀が許可され、自葬（神葬祭）が内諾された。離檀に際し、金照院には紀伊から金一両が支払われた。紀伊は吉田家の證状を得るべく、「吉田本所出張御役所鈴鹿豊後守様」宛ての壬生藩寺社奉行の添翰を持って江戸に出立し、六月に神道葬祭の許可を得ることができた。

明治維新前後、家中村では鎮守鷲宮大明神神主菱沼紀伊（維新後、義章と改名）と修験月蔵院の間に村内の祭祀権をめぐる騒動が起きた。月蔵坊は幸手不動院配下の同行《どうぎょう》（末端の修験）で帰依者も多く、慶応元年（一八六五）に彼らの援助で勤仕する「星宮大神」に正一位の神位を得ると、菱沼神主に「仏威」をもって様々な口論を仕掛けてきた。新政府によって神仏分離令が出されると、月蔵坊は復飾《ふくしょく》（還俗）して荒井主殿《とのも》と改名した。その後、村役人が調停して、「村方祈願奉幣」を折半することで内済したが、村の祭祀権を握りたい主殿はこの約定に不満で問題を蒸し返し、村内の真言宗光明寺を味方に引き込み、村内を「坪分ケ」することを主張して認めさせた。明治元年（一八六八）九月、義章が約定によって字本郷の住吉社で奉幣祈願していたところ、主殿が現れて神役を差止めようとして抜刀して暴れ、村役人にも悪口雑言に及んだ。主殿の狙いは星宮を村内惣鎮守とし、鷲宮神主の「村内一統」を奪おうとすることにあり、壬生藩小参事某もこれを支援したので、主殿の姿勢は強硬であった。この対立が終結したのは廃

鷲宮神社

藩置県で壬生藩が廃され、家中村が栃木県の管轄になってからである。栃木県は旧壬生県に命じて、鷲宮神社を村社として認めること、村内にある他神社のすべてを摂社（無格社）とし、菱沼義章に神勤させることを達したので決着した。

(4) 太平山大権現と星宮

太平山大権現

太平山神社は市街地の西方、標高三四三メートルの太平山頂近くに鎮座しており、社伝では天長四年（八二七）に慈覚大師の創建とされる古社である。明徳三年（一三九二）と推定される長沼駿河守宛覚恕法親王書状に、正一位の神位と後小松天皇の勅筆が付与されたとあり、年次欠六月の同書状によれば、太平山別当に「天神御影《みえい》堂」の修造が命じられた。「天神」とは虚空蔵菩薩の垂迹神《すいじやくしん》「天孫大神」であろう。太平山別当は山中にある連祥院般若寺《れんしょういんはんにゃじ》である。『東路の津登』によれば、永正六年（一五〇九）に連歌師宗長は壬生綱重と当地を訪れ、「太平とて山寺あり。般若寺と云。一宿して連歌」の会を催している。連祥院は寛永十八年（一六四一）に寛永寺直末となり、明治元年（一八六八）九月に二三世院主の本準が還俗して小林津祢麿と改名し、日光県より「太平神社」に神勤することが認められたので、連祥院は廃寺となった。

寛永十二年の『太平山伝記』は、天正年中（一五七三〜九三）に戦禍で社殿が焼失し、多くの記録が失われたので、別当憲海が旧記を整理して作成したものである。それによれば、本殿には太平大権現（神体天孫大神、本地虚空蔵《こくぞう》）、相殿に熊野大権現（神体伊弉冉尊《いざなみのみこと》、本地大日如来）・日光大権現（神体大己貴尊《おおなむちのみこと》、本地千手観音）を祀り、三神は明星・日輪・月輪であると記す。故に近世には、三神鎮座、三光垂迹の地であることから「三光神社」とも呼ばれたという。『下野国誌』にも「神体は三光天子にて、本地虚空蔵菩薩なり」とある。明治以前の太平山は県内に数多くある星宮と同様に虚空蔵菩薩が本地仏であった。明治維新後、神社から仏教色が一掃されると、主祭神が瓊々杵尊《ににぎのみこと》、配神が天照皇大神・豊受姫大神に変更された。

近世までの太平山は連祥院般若寺が支配する寺院であった。別当寺連祥院のほかにも三光院・報恩院・法泉寺・多門院・安楽院の五坊（子院）や釈迦堂・毘沙門堂・大黒天・大日堂・本地堂（虚空蔵堂）・護摩堂・行者堂・太子堂・文殊堂・開山堂の仏堂や鐘楼があった。維新によって仏教施設は一掃され、旧釈迦堂は境内社の星宮神社に代えられた。楼門は今は随神門と呼ばれているが、左大臣・右大臣像の裏側には仁王門時代の仁王像が現在も安置されており、神仏習合の名残りをとどめている。

星宮神社の分布と特徴

國學院大學刊『現代・神社の信仰分布―その歴史的経緯を考えるために―』の都道府県別神社数順位表によれば、栃木県の神社一、九〇六社のうち、最多は一五四社の星宮神社である。全国にある星宮神社は一九〇社なので、栃木県の比率は八一％になり、極めて地域性の強い神社であることがわかる。昭和十六年（一九四一）に栃木県内務部が調整した『栃木県神社明細帳』は合祀も含めて三三二社を登載しており、戦前はさらに多かったことになる。県央部の下都賀郡が九〇社、芳賀郡六二社、河内郡五六社、上都賀郡五四社、塩谷郡四一社と続き、北の那須郡は一六社と少なく、南西部の安蘇・足利郡は合計でも一三社に過ぎない。

星宮神社は近世に星宮大明神とか星宮大権現と呼ばれ、本地仏（神の本地である仏）は虚空蔵菩薩であった。嘉永三年（一八五〇）に作成された『壬生領史略』は壬生藩領一町三〇村の地誌書であるが、そこには一町一六村に二二の虚空蔵尊を祀る祠堂が載せられている。「星宮」「星野宮」が一二社、「虚空蔵」が一〇社である。明治時代の神仏分離で四社は廃されたが、一八社は「星宮神社」「磐裂根裂神社」として存続している。

虚空蔵は「コクゾウさま」と呼ばれ、「国造」「穀蔵」と音通であることから開拓の神、農耕神として祀られたのだろう。虚空蔵の垂迹神は「明星天子」（金星）や「妙見尊神」（北極星または北斗七星）とされ、福徳増長に効験があるとされた。明星天子は日光開山勝道が信仰したといわれ、太平山神社も「明星」を祀るとされている。中世の日光山は下野国で宗教・政治・軍事的に卓越した実力を有し、勢力圏である県央部に虚空蔵信仰が色濃く残っている。

平安時代に作成された『日光山縁起』は日光山と宇都宮大明神のかかわりを描いており、その内容は次の通りである。日光の神の有宇中将（男体権現）と中将の妻朝日姫（女躰《にょたい》権現）は、孫の小野猿丸《さるまる》の助けによって百足《むかで》に化身した赤城の神と戦い勝利した。猿丸は神となった父馬頭御前（太郎明神）や男体権現・女躰権現の三神を祀る日光権現（日光二荒山《ふたらさん》神社）の神主となったが、やがて、猿丸は父の馬頭御前を現在の宇都宮二荒山《ふたあらやま》神社に移遷したという。この物語は中世武士の間で流行した宴曲（歌謡）を集めた『拾菓集《しゅうかしゅう》』にも収められており、武士の酒宴の席で謡われて親しまれた。

　縁起は日光本宮（太郎明神）神主で猿丸の子孫小野氏と馬頭御前を祀る宇都宮二荒山神社が、互いの権威を高めるために協力して作成した中世神話である。勅勘を蒙った有宇中将は陸奥国に下向し、その後京に帰る途中に病で亡くなった。その中将の乗馬が「青鹿毛《あおくりげ》」、御供《おとも》の雄鷹が「雲の上」、犬が「阿久多丸」である。前世で阿久多丸は中将の妻であり、雲の上が中将夫妻の子馬頭御前、青栗毛が中将の母と記されている。馬は「太郎大明神、馬頭観音の垂迹」とあり、宇都宮大明神の本地仏である。また鷹は「本地虚空蔵菩薩」、犬は「地蔵菩薩、今ハ高尾上（神）」と見えている。現在でも宇都宮二荒山神社の境内には星宮神社や高尾神社が鎮座している。宇都宮二荒山神社の神主は平安後期以降、戦国時代まで河内・芳賀郡を支配した宇都宮氏である。この地域に星宮神社・高尾神社が濃密に分布しており、さらに星宮の信仰圏は都賀郡にも及んでいる。そうした信仰基盤のうえに『日光山縁起』が作成されたのであろう。

　太平山神社の本地が虚空蔵尊であることは近世には夙に知られており、長く地域の人びとの信仰を集めていた。現在、栃木市の星宮神社は二六社あるが、明治後期はさらに多い三五社も

磐根神社（都賀町合戦場）

あった。合戦場宿（都賀町合戦場）の鎮守星之宮（磐根神社）は慶長五年（一六〇〇）に太平山の虚空蔵菩薩を勧請したといわれ、富張村（都賀町富張）の三宮明神（現三宮神社）の縁起には、「唯一神道之三光　日月星之三神」とあり、太平山神社とのかかわりを伝えている。

星宮神社の祭神は磐裂神《いわさくのかみ》・根裂神《ねさくのかみ》とするものが圧倒的に多く、これに経津主命《ふつぬしのみこと》を加えた三神とするもの、ほかに香々背男命《かがせおのみこと》とする神社もある。火の神加具土命《かぐつちのみこと》は誕生する際、母伊弉冉命《いざなみのみこと》を焼死させたために父伊弉諾命《いざなぎのみこと》によって頸を刎ねられた。そのとき、剣の先に付いた鮮血が磐石に落ちて化成したのが磐裂・根裂命であるという。磐裂・根裂命の孫神の経津主命は天に住む悪しき神である香々背男命を誅したとされる。香々背男命は妙見菩薩の化身ともされ、北極星であるともいう。こうした「賤しき神」＝国つ神が祭神とされた理由は明確ではない。

明治維新後、星宮神社には磐裂根裂神社・磐根神社に社名を変更したものがある。新政府は神社から仏教色を一掃する政策を強行したので、府県は指令通りに神仏分離に取り組んだ。日光県（→栃木県）は神社調べの過程で「北斗七星を祭」る妙見神社を神社と認めてよいかと問い合わせたが、神祇省は妙見社の社名は認められないと回答した。北斗七星が認められなかったので、栃木県は星宮も「祭神区々にして一定」せず「正邪不分明」として伺い出たところ、教部省（神祇省の後継役所）は「祭神等篤と取調処置」するように命じた。これを受けて、栃木県は星宮の社名は変更せずに、祭神を磐裂神・根裂神に統一して存続することを許可したのである。なかには、祭神に因んで磐裂根裂神社や磐根神社の社号に改めた神社も多かった。

(5) 栃木町の寺社

栃木町の寺社のなかには皆川広照が栃木城を築いた際に、城下町構想の一環として現在地に移転されたとするものが多い。上町（万町）の近龍寺から延びる裏町通りには北から南に近龍寺・神明宮・満福寺・定願寺・延命寺があり、この地域が近世城郭の寺社町として計画されたことが分かる。

○**定願寺**（旭町・天台宗）

須礼山修徳院と号し、本尊は阿弥陀如来である。永禄六年（一五六三）に皆川成勝（俊宗とも）は川連城を攻略すると、川連（大平町川連）の阿弥陀堂で亡父と数度の合戦で討死した家臣の菩提を弔う常念仏を行ったという。現在も川連地内にはその跡と伝わるところがある。天正年間（一五七三〜九三）に皆川広照が現在地に移転し、定願寺と寺名を変更したという。近

定願寺御成門

近龍寺

世には栃木城内町の円通寺末であり、除地が八石九斗余あった。境内の不動堂は元は上町（万町）にあった円通寺門徒の成就院にあった。弘化三年（一八四六）の丙午火事のとき、不動堂前で鎮火したために「火伏不動」と呼ばれ信仰を集めており、昭和十二年（一九三七）に境内に移された。墓地に二代横綱綾川五郎次の墓がある。綾川は栃木町の生まれで、江戸中期に江戸相撲の力士として活躍したといわれるが、事績はほとんどわかっていない。

○**近龍寺**（万町・浄土宗）

三級山天光院と号し、本尊は阿弥陀如来である。応永二十八年（一四二一）に益子の円通寺開山良栄の弟子良懐が宿河原（栃木城内町）に開創したといわれ、称念寺と号した。天正十六年（一五八八）に皆川広照が現在地に移転し、現寺号に改めたという。京都知恩院末であったが、江戸初期に下総国結城の弘経寺の末寺となった。除地は五石七斗余である。境内には寛文年間（一六六一～七三）から毎日時報を伝えてきた鐘撞《かねつき》堂があり（時の鐘は太平洋戦争で供出された）、栃木市出身の文豪山本有三の墓もある。子育安産で知られる呑龍上人像は大光院（群馬県太田市）で造立された上人の分身仏を明治九年に本堂に納め、三十年に呑龍堂を新設して祀ったものである。

○**満福寺**（旭町・真言宗智山派）

薗部山地蔵院と号し、本尊は大日如来である。弘長二年（一二六二）に僧朝海が薗部保（薗部町）に開山し、山号は村名に由来するといわれ、現在も薗部町に多くの檀家がある。天正十四年（一五八六）に皆川広照によって現在地に移された。近世の朱印地は『慶安郷帳』に高五石とある。境内の子育観音は元は片柳村（片柳町）にあったが、神仏分離で明治五年（一八七二）に当寺に移された。三鬼堂も部屋村冨吉（藤岡町部屋）から移転したものであるという。

近世には大寺として隆盛を誇ったが、文久二年（一八六二）の本陣家事で焼失した。その後も廃仏毀釈の影響で衰退したが、戦後ようやく再建の機運が到来し、昭和四十九年に本堂を再建した。

○**円通寺**（城内町二丁目・天台宗）

星住山松樹院と号し、本尊は千手観世音菩薩である。天長二年（八二五）に慈覚大師が太平山（円通寺平の地名が残っている）に開山し、その後衰退したが室町時代に等海によって再興されたという。その弟子救海《ぐかい》（通称は高慶大師）は高徳碩学の人で、応永二十三年（一四一六）、太平山中腹の大曲駐車場石段下にある石窟で入定（禅定入滅）した。その場所は現在、入定《にゆうじよう》平《だいら》と呼ばれ、数基の墓石や高慶大師讃徳碑、大師像などが建っている。当寺境内には天保九年（一八三八）に建立された「高慶大師 定崛之碑《じようくつ》」があり、死に至るまでの記録「入定記」が寺宝として伝わっている。永禄六年（一五六三）に皆川俊宗が大平町川連に移転したが、天正七年（一五七九）、広照によって長清寺のあった現在地に移転された（真言宗長清寺は本町川島に移転した）。近世には常陸国黒子（茨城県筑西市）の千妙寺の直末で、末寺三、門徒一五寺を擁した。天正十九年、徳川家康から栃木郷内に一〇石の朱印地を賜わっている。

○**神明宮**（旭町）

本社は応永十年（一四〇三）に創建されたといわれ、その時の棟札に「正遷宮　天照皇大神・祇園牛頭天王」とある。創建時は神明社と牛頭天王が祀られていたのである。鎮座地は栃木城内の神明宿（神田町）、現在東宮神社が鎮座している場所である。天正十七年（一五八九）、皆川広照が現在地に社地を与えたので、栃木郷の住人によって天照皇大神を遷宮し、そのときの棟札も現存している。社家は創建以来、明治の初期まで黒宮家がつとめており、天正十七年の棟札にも「黒宮右京太夫」とみえる。明治五年（一八七二）の境内地は周囲一五四間、総坪数六八七坪。本殿・幣殿・拝殿は今日とは異なり、南向きに建てられていて規模も小さかった。明治六年、栃木町に栃木県庁が置かれると県社となり、今日の隆盛のもとが築かれた。同八年に境内に神道中教院が設けられた。その後、中教院の廃止により講堂が神明宮に寄進されたの

高慶大師定崛之碑

神明宮

で、それを機に本殿を新築し、十六年竣工した。この時に社殿は西向きに改められた。

六、ふたつの天狗党争乱

(1) 水戸天狗党と栃木町

元治元年（一八六四）三月、水戸藩尊攘派の藤田小四郎・武田耕雲斎らによって結成された天狗党は、水戸町奉行田丸稲《たまるいな》之《の》衛門《えもん》を総帥にして武装兵一六〇人余が筑波山に集結した。彼らは「従二位贈大納言源烈公」（水戸藩九代藩主徳川斉昭《なりあき》）と書かれた白木輿《しらきのこし》を奉じ、徳川家祖廟の地である日光山を占拠して幕府に攘夷の実行を迫ろうと今市宿に到着したが、日光奉行に拒絶されて目的を達することができなかった。四月十一日、今市を発った天狗党は例幣使道を進み、その夜は鹿沼宿に宿泊した。折りから東照宮の例大祭にあわせ幣帛《へいはく》を捧げる例幣使（勅使今城《いまき》左中将定国）一行が日光に向かっていた。例幣使一行は十三日に天明宿《てんみょうじゅく》（佐野市）を発ち、栃木宿で休息をとり、鹿沼宿に一泊する予定であったが、天狗党が金崎宿（西方町金崎）に滞留しているとの情報を受け、急遽予定を変更して合戦場宿（都賀町合戦場）に一泊した。

天狗党は例幣使一行を警護する館林・植野（佐野）・足利・壬生藩兵との衝突を避け、小倉川の河原に退いて一行の通過をやり過ごし、翌十四日、栃木町を通り、太平山に登って屯集した。ここで各地に檄を飛ばすと、宇都宮脱藩浪士や近隣の農民らが加入し、太平山の勢力は在陣の間に倍を超える四〇〇人余を数えた。栃木市域からも多くの参加者があり、のちに戦死や刑死したものだけでも一五人に及んだという。このうち嘉右衛門新田村の惣十郎と清次の二人は田中愿蔵隊に属して栃木町焼き討ちを行っている。陸続と登山する人数と馬の糧秣《りようまつ》の運搬は山麓の村々や栃木町の問屋場に課された。

天狗党は水戸斉昭の神輿を山中の多門院に据置き、二十四日に別当所の連祥院に移した。彼らは山中の茶店や山麓の村々に分宿し、一部は栃木宿にも宿泊したが、二〇人余の脆弱な兵力しか持たない足利藩栃木陣屋はなす術なく傍観するしかなかった。天狗党の軍律は厳しく、一三か条の軍令を定めて違反者は厳しく断罪した（宇都宮町の娼妓《しようぎ》をかどわかした隊員二人が平井村の刑場で公開処刑された）。その一方、田丸は宇都宮藩や壬生藩に使者を遣して協力を求めて交渉したが、色よい返答は得られなかった。そのため太平山の警護を厳重にし、参道正面の平井口や西山田口・下皆川口・晃石山の四か所に木戸を設け、不測の事態に備えた。その後も栃木町や周辺の富商・豪農から資金を調達する一方、田中愿蔵《げんぞう》を上野国に派遣して軍用金の徴発にあたらせた。この地方は横浜港の生糸貿易で巨額の利益をあげた富商が多く、田中は実に五、〇〇〇両（一説では一万三、四七〇〇両）を徴発したといわれている。田中は大きな成果をあげて帰栃すると、太平山に向かわず近龍寺に宿泊した。

こうしたなか、太平山では水戸藩鎮撫使山国兵部（目付・田丸稲之衛門の兄）が田丸・藤田と会談し、攘夷達成のためにも筑波山に転進して態勢を立て直すことを勧めた。これを容れた田丸らは五月三十日、太平山を下山して栃木町の定願寺に一泊し、総勢四〇〇人余の本隊は翌六月一日、小山に向けて出立した。

ところが、近龍寺の田中愿蔵に率いられた一五〇人余は本隊に合流せずに結城まで進んだが筑波山には向かわず、六月五日に飯塚（小山市）・大光寺（栃木市大光寺町）と通って栃木に戻り、旅籠押田屋に宿泊した。田中勢は法螺貝を吹き、太鼓・鐘を打ちならし、馬上一四〜五騎（五〜六騎は具足を着用）、火縄を付けた鉄炮が二〇挺、抜身の槍を持つなどまさに戦装束という出立《いでたち》であったので、町民は肝をつぶした。栃木到着時、田中は中町（倭町）の住吉屋前で見物人一人を切り捨て、巻き添えで住吉屋の娘も殺害したので、町民は恐怖におののいた。

翌六日、田中は足利藩の栃木陣屋と交渉し、栃木町に一万五、〇〇〇両（一説では三、〇〇〇両）の供出を求め、嘉右衛門新田でも岡田嘉右衛門・麻屋茂兵衛・淀川徳三が押田屋に呼び出され、田中から各々二、〇〇〇両、一、〇〇〇両、一五〇両を上納するように命ぜられた。

同日には吹上藩の加勢三〇人が栃木陣屋に到着し、陣屋の防禦が強化された。これに対抗して、田中勢は夜五つ（午後八時）、中町の高札場から押田屋にかけての例幣使道沿いに篝火を焚き、軍用金と武器の引渡しを求めて陣屋表門に進軍した。すると陣屋側は武威を示すために裏門から大筒一門を発射した。これがきっかけとなって戦端が開かれた。戦闘のさなか田中勢は町民七人を殺害し、町内各所に放火して撤退した。この火災は「愿蔵火事」と呼ばれ、栃木町は甚大な被害を被った。とくに陣屋に近い下町が一二六軒、川間（下町の木戸外）五五軒が焼かれ、さらに中町三二軒、石町（東横町）一六軒、上町一一軒、実に町の七割が焼失したという。現在、町に近世の建造物が少ないのは田中の焼き討ちが理由のひとつである。戦闘で大きな被害を受けた栃木町は経済的実力を徐々に減退させた。栃木陣屋は何ら有効な対策をたてるわけではなく、田中隊の暴挙に陣屋に立て籠もるだけで、町民の保護にあたらなかった。しかも七日、陣屋勢は上高島（大平町上高島）の一揆勢が栃木に迫っているとの誤情報に接すると、吹上藩に加勢すると称して丸一日陣屋を留守にした。武士の威信は地に落ち、町民の陣屋に対する不信は増大した。

その後の天狗党は、幕府軍や水戸藩内の主力と水戸と那珂湊周辺で戦い敗北した。武田耕雲斎・田丸稲之衛門・藤田小四郎は一、〇〇〇人余の軍勢を率い、上洛して一橋慶喜に行動の正当性を訴えようと、常陸国大子《だいご》村（茨城県久慈郡）から八溝山地を越えて那須郡に入り、矢板の渡船場で鬼怒川を越え、徳次郎・鹿沼宿を経て十一月七日、再び例幣使道に入った。栃木町襲来を警戒した足利藩は、栃木宿に派遣されていた家老川上才佐（広樹）が手勢を率いて上町（万町）の木戸口に出陣し、警護にあたった。しかし、天狗勢は栃木町には向かわずに、金崎宿（西方町金崎）から西進し、八日、本隊八〇〇人余が大柿村（都賀町大柿）、先鋒隊七〇

天狗党滞陣記念碑

人が尻内村（尻内町）、ほかに金崎宿・口粟野村（鹿沼市）・深程村（鹿沼市）に分泊した。尻内村の先鋒隊は吹上村の天海、西方郷の三沢・鮎田や皆川村の幸島らを呼び出し、軍資金を供出するように命じた（幸島彦兵衛は四〇〇両を差出したという）。主力は九日に尻内村から葛生宿（佐野市）に到着した。この間、壬生藩は幕府の命を受け、騎馬三、鉄炮・槍組四〇人ほどを薗部村（薗部町）に出陣させ警戒にあたり、栃木町や嘉右衛門新田村は木戸を閉め、篝火を焚いて警戒した。十日、天狗勢は田沼→梁田→八木沢宿を通り、十一日に上野国太田宿に入った。その後は信濃・美濃を経て北陸路に入り、加賀藩に降伏した。そして翌元治二年二月、武田耕雲斎以下三五〇余人は敦賀（福井県）において斬首された。

一方、栃木町に放火した田中愿蔵は天狗党を除名され、名分を失い身を置く場がなくなった。彼らは筑波山の周辺で反天狗党勢力と小競り合いし、天狗党が那珂湊に進軍すると、常陸北部に進み八溝山中で解散した。離散兵は下山途中で切り捨てられたり捕縛され、一九人が処刑されたという。田中は十月八日、陸奥真名畑村（福島県東白川郡塙町）で塙代官所役人に捕まり、十六日に斬刑された。塙町の安楽寺境内に墓がある。

太平山頂の謙信平には明治十四年（一八八一）に秋月種樹《たねたつ》（元日向高鍋藩藩主。明治天皇侍読・元老院議官・貴族院議員を歴任）や佐藤保之・高田俊貞らが発起人となって建てた「天狗党滞陣記念碑」がある。

(2) 出流山挙兵事件

慶応三年（一八六七）十月、徳川慶喜の大政奉還が勅許されると、危機感を持った倒幕派の薩摩藩は状況を打開すべく関東各地で攪乱のための軍事的挑発を計画し、下野・甲斐・相模の三方面で挙兵して幕府を攪乱しようとした。薩摩藩の江戸上屋敷から計画を立案して全体を指揮したのが小島四郎（後に相楽総三《さがらそうぞう》と名乗り、赤報隊を組織して処刑された）である。十一月の出流山（出流町）の挙兵はこのなかで起きた一事件である。出流山で直接指揮したのが竹内啓《ひらく》と会沢元輔《かいさわもとすけ》である。竹内は薩摩藩士を名乗っていたが、本名を小川嘉助、武蔵国入間郡竹内村名主・医師で平田銕胤《かねたね》の門人。会沢は尊攘派で水戸居住の薩摩脱藩浪士である。

十一月二十五日、竹内と会沢の二人は「急用向之有り」と称して千手宿から栃木宿問屋場に先触《さきぶれ》を出し、二十七日夕刻に到着して一六人が栃木町脇本陣の押田屋に逗留した。翌日に一行は薩摩藩主夫人の代参と称し、出流山に向かい鍋山村（鍋山町）に滞在した。その日、竹内は

満願寺山門

満願寺境内で倒幕の諭告《ゆこく》を発し、挙兵の成功を祈願した。これに応じて各地から浪人や博徒・無頼の徒、農民らが参加し、屯集者は一時、二〇〇人近くを数えたが、薩摩藩士の参加は一人もなかった。地元の参加者のなかには国定忠治の遺児で千手院弟子の千乗が還俗して大谷刑部と名乗り参加している。母は都賀郡大久保村の剣客大久保一角の娘である。大谷は十二月五日、仲間を率いて口粟野村（鹿沼市）の大惣代名主横尾宅へ押し掛け、金子二三〇両と鑓・脇差・銃などを強奪している。

十二月に入ると、栃木町周辺にはかなり正確な情報が伝えられている。嘉右衛門新田村名主岡田嘉右衛門の日記の慶応三年十二月六日条に「出流屯集之内」として、「惣大将　村上四郎」以下一五人の氏名を記している。村上四郎は小島四郎（相楽総三）の変名のひとつで事件の首謀者である。日記には「薩州江戸屋敷之由」とも記し、総三が江戸表三田の薩摩藩上屋敷で指揮を取っていたこと、現地の指揮者は大将竹内啓・会津元助（会沢元輔）、軍師常田与一（本名原田文益。佐賀脱藩浪士）・高椅渡（高椅亘。元新徴組隊士。上野国出身で新田満次郎事件の関係者）、祐筆真岡清三郎（本名赤尾清三郎。芳賀郡小中村居住の儒者）、御金方安道孝三郎

（安達幸太郎ヵ。越後新発田《しばた》脱藩浪士。安蘇郡石塚村居住の手習師匠）、御目付西山健之助（美濃浪人。元旗本千村氏家臣）・川田吉之丞・大谷刑部（前述）、「連判之もの」として「田中光次郎・亀山広五郎・高田弁次・瀬山倉助・亀山常右衛門　外弐人」などと具体的に記しており、関心の強さがうかがえる。

ほかにも「永野村中組」九人、「同村さわ組」三人の名が見える。上永野村（鹿沼市）名主が領主米倉氏に提出した報告に、十一月三十日に名主宅に出張った者が「新田家来に加入致し候者」の連判帳を取り出し、参加を強談したとあることに関係があるのであろう。新田云々とは文久三年（一八六三）、尊攘派が新田義貞の子孫岩松俊純（新田満次郎。交代寄合旗本一二〇石）を擁して赤城山で挙兵しようとした事件を指す。出流糾合隊軍師の原田文益は新田の家来であった時期があり、事件の関係者のひとりであった。挙兵が不発に終わった後は永野村に居住して医業の傍ら漢学塾を開きながら再起を期して人数を集めており、一二人は連判帳に署名した農民であろう。糾合隊にとって兵力の少なさは致命傷になりかねず、周辺の農村から徴兵する必要があったのである。原田は前年の永野・柏尾村で起きた米騒動（後述）の頭取六人のうちに「沢組医師名前分らず」と見える人物である。糾合隊のこの地域に対する期待は大きく、風聞によれば、「柏尾・長（永）野近辺より凡八十人余組入」したとある。また嘉右衛門の日記に載せる「対州家中　十四人　右者三田浪人と唱候由」とあるのは、他の史料によれば、十一月二十九日、出流村名主半兵衛父子が領主宗対馬守に報告のためと称して江戸に向かった。

糾合隊から強要され、薩摩藩三田の上屋敷に荷駄や応援部隊を要請するためで、翌月四日に対馬藩家中と称し、実は三田屋敷から派遣された一四～五人と同道して帰村したのである。このようにして、糾合隊は様々な手段を講じて人数を集めたのであった。

糾合隊は十二月九日夕、軍資金を調達するため西山謙之助・長井斎宮を栃木町に派遣し、翌日に足利藩陣屋奉行善野司と交渉した。双方協議の結果、栃木町が釜佐・釜喜・中之坊（井筒屋重兵衛）らの有力商人が一、〇〇〇両（釜佐・釜喜・中之坊が六〇〇両。町中物持が四〇〇両）を用立てることを約したので、十一日午前十一時、二人は半金の五〇〇両を手にして鍋山村に戻った。その日の夕刻、出流山より高椅亘ら五人が栃木町にやってきたが、既に幕府の方針は討伐と決定しており、足利・館林・壬生の三藩に出兵が命じられていた。関東取締出役宮内左右平は鑓・鉄炮を持った農兵二〇〇人を率いて栃木町に到着し、夕刻、足利藩栃木陣屋の協力を得て押田屋に宿泊していた五人に鉄炮を撃ち込んで殺傷した。このとき、畠山陣屋も宮内の要請で人数を派出し、町内の警護にあたった。同じ時刻、残金を取りに来た西山ら三人も念仏橋（幸来橋）の木戸内で栃木陣屋兵によって殺害された。一連の戦で討ち取られた六人の首は竹に刺され、瀬戸の原（現うずま公園）に晒されたが、宮内の命で同所に埋葬されたという。翌十二日には関東取締出役望月善一郎も栃木町に到着した。

この報に接した糾合隊の主力一〇〇人余は十二日夜のうちに葛生に向けて鍋山村を出立したが、情報は関東取締出役に漏れており、望月は佐野方面に向かった。関東取締出役渋谷鷲郎と宮内左右平は出流山の残兵を討伐するため合戦場宿（都賀町合戦場）と栃木町を出発したが、到着する前に先発していた出役木村越蔵によって残っていた九人が討取られた。糾合隊は岩舟山麓の新里村（岩舟町新里）において待ち構えていた望月善一郎と出流方面から急襲した渋谷・宮内が率いる農兵によって壊滅した。会沢元輔は戦死、竹内啓・赤尾清三郎・安達幸太郎は逃走したが生捕りにされ、各地で斬られている。壬生藩も望月の要請に応じ、騎馬二騎と歩兵七〜八〇人を下皆川村（大平町下皆川）に派兵し、逃走兵の追捕にあたっている。栃木地方では、三年前の水戸天狗党の事件を想起させたので「出流天狗」と呼んで恐れたという。ちなみに、出流山参詣の街道筋にあたる旧寺尾村からは八人の参加者があった。内訳は梅沢村が七人、尻内村が一人である。梅沢村の参加が多いのは、伊勢亀山藩を脱藩した山本鼎《かなえ》が住みつき塾を開いており、その影響を受けていたからである。彼らは新里周辺で捕縛され、村預りとなった。山本も村預けとなったが、その後、相楽総三の赤報隊に入り、西村勤吾と名乗って監察役をつとめた。やがて赤報隊は偽官軍として捕えられ、西村も斬首されている。

太平山に籠った天狗党は攘夷という大義があり、水戸藩浪士を中心に軍隊としての規律があったが、出流山に集結したのは寄せ集めで統制もとれず、軍備も不十分な烏合の衆であった。参加者の主力は竹槍や長脇差で武装した農民であった（岡田嘉右衛門の日記によれば、「具足着用三人外之無く、新加入之分多くは竹槍にて、武器至って乏しく」とある）。一方、三人の関東取締出役が率いた兵力は改革組合村を通して動員した武蔵・上野国の農兵四〜五〇〇人で、鉄炮で武装していた。戦う前から勝敗は決していたのである。

念仏橋で殺害された西山謙之助は明治二十四年（一九〇〇）に靖国神社に合祀され、同三十六年、正五位が追贈されて名誉を回復した。現在、箱森町の錦着山護国神社拝殿脇にうずま公園から移されたという「西山尚義碑」が、室町のうずま公園には昭和三十五年、栃木県教育委員会下都賀出張所長中島仁市らが浄財を募って建てた西山謙之助供養塔がある。

七、慶応年間の世直し一揆

十九世紀、江戸時代後半になると商品作物の栽培が進み、商品経済が発達し、農村社会に大きな変動をもたらした。農民の階層分化が進み、土地を集積して富を蓄えた豪農は質屋や醸造業などを営み、商人化していった。その一方、下層農民の小前《こまえ》は潰《つぶ》れ百姓となり、高率の小作料や借財などで益々困窮して小作農に没落する者が増加した。農村には他国の者や浪人・博徒が出入りし、賭場が開かれるなど治安の悪化を招いていった。社会不安が増大すると人心の荒廃が著しくなり、農民の不平や不満は爆発寸前となった。

慶応四年（一八六八）に幕府が崩壊して東征軍が下野国に進出すると、北上する旧幕府兵との間で衝突が繰り返された。四月十六日・十七日の両日には小山宿で両軍が衝突し、大鳥圭介率いる旧幕府軍が勝利した。十八日には日光を目指す大鳥軍一、二〇〇人が小山から栃木を通り、合戦場宿に一泊した。別の隊（三～四〇〇人、大炮一三挺）も富田宿（大平町富田）を経て太平山に屯集し、宇都宮に向かった。大鳥軍の後を追うように、連日官軍が栃木町を通過していった。その後も一か月にわたり下野国内で戦闘が続き敗走兵が栃木周辺にも出没した。幸い栃木市域は戦場になることはなかったが、両軍が通過する度に、荷物の継立《つぎたて》のための人馬を徴発され、なかには軍夫として戦場で使役されることもあった。これに要した経費も農村の負担であり、農村の疲弊と反発は増大した。

こうした権力の空白に乗じて激しい打ち毀しを伴った世直し一揆が起こった。当時の農村社会は治安の悪化が深刻で、多くの農民は自営のために刀や槍を保管していたから一揆勢の一部は武装していた。かつての竹槍をもった一揆の姿とは大きく異なるものがある。彼らの要求は質物の無償返還、借金証文の破棄、米価の引き下げ、金穀の供出などであり、攻撃の対象となったのは名主や酒屋・質屋業などの豪農・富商であった。一方で、一揆勢の指導者は浪人・博徒・小前百姓など様々であり、計画性もなく、盗み・掠奪・放火が横行するなど脆弱であった。慶応三年三月に足利地方で起きた一揆は足利藩の「先手組三十人計」が出兵して鉄炮を打ち込むと、「炮声に驚き恐怖し、一揆速々散乱し退去」したという。

戊辰戦争が終結すると一揆は収束した。各藩も藩内統治に力を入れることが可能となり、旧幕府領や旗本知行所も新設された日光県の管轄となり、藩や県の持つ圧倒的軍事力のまえに事態は沈静化していった。

(1) 粕尾・永野村の米騒動

永野川上流の永野村（鹿沼市）と粕尾川上流の粕尾村（鹿沼市）は低い山並みを互いに背にして接する山間の寒村である。山林と畑地からなり、主な作物は粟・稗・黍《きび》・豆類であり、米や麦はほとんど収穫できず、生産力が低かったので山仕事や炭焼きで渡世する者が多かった。彼らは麻や炭・杉板を売って金に代え、鹿沼宿や栃木町で米穀を買い求めていた。慶応二年（一八六六）八月、この二か村が起こした米騒動は栃木町に衝撃を与えた。この年は天候不順で米価が急騰したので、栃木町では米が入荷しないとして売り惜しみをした。このことに怒った上・下永野村の小前百姓が村役人や麻買商らに指導され、下永野村下元《おりもと》の河原に二五〇人余が集結した。一揆勢は一五歳から六〇歳の男子全員に集合するように呼びかけ、参加しない場合は家を「打毀《うちこわ》」すと脅したので、翌日には八〇〇人余に達したという。下元は大越路《おおこえじ》峠で下粕尾村に、寺坂峠で出流村（出流町）とつながり、栃木町を結ぶ交通の要衝であった。幕末には旅籠屋・酒屋・煮売り屋があり、賭場が開かれるほどの賑いであった。

この永野村の農民が栃木町に押し出すというので、驚いた下永野村の村役人は同じ六浦藩米倉氏領で陣屋のある皆川城内村名主に通報した。このときは、栃木町から永野村に至る道筋の尻内村・梅沢村・大久保村・鍋山村・星野村の村役人の説得を受け入れて一度は解散した。ところが、押出しに参加する予定であった粕尾村は引き上げたのは約束が違うといって、二〇〇人余が大越路峠を越えて下元まで押し出してきた。出流村でもこれに呼応する動きが見られたが、千手院の説得で静謐した。こうして、騒動が再燃して五〇〇人余が栃木町に押しかけるという風聞が立った。皆川城内村（皆川城内町）と志鳥《しとり》村（志鳥町）名主ら六浦藩領の村役人は他領に押し出すことになっては責任が免れないとして、直接説得に乗り出し、十二月から翌年二月まで「貧窮ものへ米相場四升安」で売り渡すとの証文を栃木町が一揆勢に差出すという条件で和解した。皆川城内村名主幸島彦兵衛や口粟野村（鹿沼市）の横尾家なども出金に応じ、一揆勢をなだめた。栃木町民は一揆勢の乱入・放火の噂に驚愕し、家財を片づける者、縁をたよって隣村に難を逃れる者が相つぎ大混乱となった。壬生藩は豪商中之坊の要請で四、五〇人を派して不測の事態に備えた。栃木地方ではこうした一揆を「ふっこふし」「ぼっこし」などと呼んだ（この地方の方言で「毀す」の意味である）。

(2) 栃木市北方の世直し一揆

慶応四年（一八六八）三月に起きた上州世直し一揆は、同月末になると下野国に波及して大規模化した。三月二十九日に安塚村（下都賀郡壬生町）で発生した打ち毀しはまたたく間に下野国全域に拡がった。四月には北上した一揆勢が宇都宮藩領に入り、富商・豪農に金穀・米の供出や米価の引下げ、質物返還、質地証文の破棄および助郷の軽減を要求し、三日には三万人余が宇都宮町の八幡山に結集し、城下に押し出そうとしたが、宇都宮藩兵が砲撃を加えたので八幡山を退いた。以後、一揆勢は二手に分かれ、一手は北上して鬼怒川を越え氏家宿（さくら市）や塩谷郡に乱入し、主力は日光街道徳次郎《とくじら》宿（宇都宮市）から例幣使道を経て鹿沼宿へ向かったが、御成橋《おなりばし》で待ち構えていた宇都宮藩の鉄炮隊に鎮圧され、黒川を越えることはできなかった。宇都宮藩は藩内に吹き荒れた一揆を鎮圧するため藩兵を各地に派遣したので、宇都宮城の守備が手薄になり、大鳥圭介率いる旧幕府軍にやすやすと城を奪われ、城下のほとんどが焼失した。

鹿沼宿の南方では四月四日に大規模な一揆が起こった。この地域の一二か村に「世直し相初め候」との廻状が出され、翌五日には一揆勢二〇〇余人が上殿村（正しくは樅山村。鹿沼市）の光明寺に集結し、さらに塩山村（鹿沼市）の大石坊《たいしやくぼう》に移動して勢力を増した。降雨のため西沢村（鹿沼市）の勝願寺に立ち寄った一揆勢は油田《あぶらでん》村（鹿沼市）の富商二股嘉七宅を襲撃し、半田村（鹿沼市）の医王寺に引き上げた。西沢村の弥五左衛門は一揆勢に降参し、六日には口粟野村（鹿沼市）の横尾勝右衛門も降参して質物を無償で返却した。一揆の勢いに圧倒された佐目村（鹿沼市）は四日、大和田村（鹿沼市）等東最寄九か村は五日、一揆勢の頭取笹川数馬・

鈴木直児宛に一札を差出し、質地の一〇年賦返還や利息の軽減などを約して降伏した。

一揆勢は五、六人の頭取《とうどり》（首謀者）が率いていたが、その風体は「博徒打之体、一刀を帯、晒し切にて鉢巻いたし、抜身《ぬきみ》、鑓《やり》を携」えた装いであり、「ふっこふし頭取」と呼ばれた。頭取には笹川数馬・鈴木直児の郎人や楡木宿観音寺の住僧、塩山村の百姓常松がいた。笹川数馬は当時の記録に「栃木荒茂美二男」と記されている。「荒茂美」は「新籾」であり、畠山陣屋の代官新籾の次男であるという。嘉右衛門新田村の名主岡田嘉右衛門の日記にも一揆の頭取「笹川数馬」の実名が新籾林次郎であると記している。

新籾氏は享保十一年（一七二六）以降、五代にわたって断続的に畠山陣屋代官をつとめ、四代沢右衛門は天保六年（一八三五）から慶応二年（一八六六）に病気辞職するまで三二年間代官であった。長男弥三郎が代官見習のまま早世したので、弟の林次郎《りんじろう》が代わって代官見習となった。林次郎は職務を放棄するなど素行が悪く、江戸で謹慎していたが、慶応三年四月、父の病気見舞いと称して帰国した。ところが見舞いをするどころか、合戦場宿の遊郭に入り浸って揚げ代を払えず羽織・袴・刀を質に入れ、親戚や縁を頼って金策したがうまくいかず、ついには帯刀を六両二分で売払うなど放蕩を繰り返した。その行状が江戸屋敷でも問題になり、遂に父から勘当されて浪人になった。この新籾林次郎が笹川数馬と名乗って一揆の頭取となったのである。もう一人の頭取鈴木直児（弥）については不詳である。

一揆勢は規律も統制もない無頼の集団であり、彼らは口粟野村（鹿沼市）で「酒狂之上、三四軒立寄、全不法へ相働」く始末であった。また頭取の一人が横尾家を降参させた後、一揆勢に内緒で金策したことが露見して一揆勢の怒りを買い、下柏尾村（鹿沼市）の大越路峠に追い詰められて殺害されたので一揆勢は四散した。岡田嘉右衛門の日記は「新粉林次郎事笹川数馬を塩山村安太郎後より髻を取引返し候處、追々切懸け忽殺害いたし、鈴木直児同様切殺一同引取、追々退参致、壱人も屯無之由、塩山村幸右衛門届出候」と記している。一揆が起きたのが四月四日、二人が無様《ぶざま》に殺害されたのが六日であり、わずか三日間の世直しであった。

この地方には旗本畠山氏の知行所九か村が錯綜しており、打ち毀しに参加する村もあって嘉右衛門新田の陣屋に衝撃を与えた。その後も混乱は収束せず、近隣の都賀郡下沢村（鹿沼市）では村役人宅に「世直し大明神」の火札が張られ、支配下の野沢村（鹿沼市）や下南摩村（鹿沼市）でも世直しの動きがあった。既に摂州にあった知行所三か村は新政府軍に差し押さえられており、野州一二か村は畠山氏にとって命の綱であったが、直接の軍事力を持たない陣屋勢は有効な手段を持っていなかった。畠山陣屋は関係者の聴取を簡単に済ましただけで早々に解放しており、その処置は極めて寛大であった。幕府の崩壊で旗本は一揆を抑え込む実力も権威もなく、できるだけ刺激せずに無難に回避したいとの消極姿勢のみが顕著であった。

西方郷の打ちこわし

安塚村で起きた打ち毀しの拡がりを警戒した西方郷では、四月二日、郷内の村役人らが集会を開き、「村々物持の人びと」から二五〇両を集めることにした。五日に油田村の二股嘉七宅が破壊されたとの情報に接した郷中の人びとは、槍・鉄炮・鳶口《とびぐち》で武装して近津明神に集まり警戒したが、一揆勢は来なかったので帰宅した。その途中で新籾らが殺害されて一揆が終息したことを知った。七日に再び村役人が集まり、二五〇両を郷内の困窮者に配分することになったが、その際、金崎村（西方町金崎）名主木之宮重右衛門が「五拾両でよろしかろふ。其内にて役人呑食の分を引割遣よかろふ」と発言したという噂が広がり、怒った西方上郷・下郷の人びとが西方山に集まって篝火を焚き、法螺貝を吹き、鬨の声を揚げた。一揆勢は翌日に峯村（西方町元）の実相寺に移り、村役人や檀那寺が説得したが応じず、十一日に金崎村に押し出して名主宅と土蔵を打ち毀した。驚いた古宿村（西方町元）名主三沢作兵衛が、磯村（鹿沼市）に出役し治安にあたっていた壬生藩物頭小笠原勘三郎に救援を求め、藩兵が一揆勢に鉄炮を打ちかけたので一揆勢は逃散した。これに対し、西方郷に六か村の知行所を有する旗本横山家の古宿陣屋の役人が「百姓打殺されば迷惑之趣」と抗議したので、壬生藩兵は撤収した。しかしその後も騒動は収束せず、十五日には郷内村々の惣代が峯村（西方町元）の福正寺に集まり、借用金や質物（質草）の処理について示談をまとめたので、ようやく郷内は平静を取り戻した。このときに救済の対象になった困窮者は西方郷金崎宿の三九軒、ほかにも一二か村二一六軒に及んだという。

戊辰戦争が終結すると、幕府領や旗本知行地は知県事鍋島幹が支配することになった。名主・質屋はこれを機に、奪われた質物を取り返せるように役所に願い出たので、知県事は十二月一日までに返却するように命じた。ところが返却する者が少なく、十三日に合戦場宿に出役した県下吏渡辺峯之丞は合戦場最寄《もより》組合村々を呼び出し、質物の全面返還を命じ、鉄炮を持つことも禁じた。そして「借し金・質物前々之通相成申候。依之ふつこふし之事、皆不用之事候」と命じた。小前層が折角手にした示談も無効となり、打ち毀しの前に戻ってしまったのである。

(3) 藤岡・岩舟周辺の打ちこわし騒動

藤岡・岩舟周辺でも四月に入ると各地で不穏な動きが表面化した。四月十一日、兵庫新田村・戸恒《とづね》村（以上、大平町伯仲）の凡そ一五〇人が竹貝（竹でできた法螺貝の代用品）を吹いて屯集した。一揆勢は只木村・中居村・太田村（以上、藤岡町甲・都賀・太田）も巻き込み、その数は四〜五〇〇人、一、五〇〇人と日ごとに増加していった。彼らは只木村名主大橋治助宅や茂呂村（岩舟町静）の名主小林弥市右衛門宅を焼き払い、駒場村（岩舟町静）名主伝右衛門宅や恵生院《えしょういん》（真言宗寺院。寺堂の修繕費用の祠堂銭を貸付ける金融業を営んでいた）に押しかけ、金貸証文を差出すように強要した。

十三日には、隣接する下津原村（岩舟町下津原）でも一揆勢六〇〇人が同村で質屋・酒造業を営む西沢屋藤左衛門宅を襲い、西沢屋は表木戸に「降参仕り候。質物残らず相返し申し候」

と張り紙し、一揆勢に対して「この度世直しに付、貸金とその外質物に至るまで残らず相返し申すべく候。但しこの度の儀につき、違返等之無き候ところ、右の趣承知いたし、この外村内穀物何ほどなりとも差しあぐべく候」と約束した。この宛先が「世直し大明神」とあるのは興味深い。世直し大明神は全国各地の世直し一揆でも登場している。一揆の統一の象徴として、世直し大明神が旗幟に掲げられたのであろう。一揆勢が自らを世直し大明神と言ったのか、大明神の使いとしたかは不明であるが、神の意志として行動の正当性を主張したのであろう。一揆勢には只木・太田・羽抜村（岩舟町静）も参加しており、質物の返還などを認めさせている。これに対し、一揆が自領に波及することを恐れた佐野藩堀田家の植野陣屋（佐野市）や彦根藩天明町（佐野市）の陣屋兵が出陣して大砲を打ちかけたので、一揆勢は四散し、頭取の上州無宿金五郎は斬殺されたという。

恵生院赤門

これより前の十日には、大崎・小池・飯塚・東赤間・西赤間・底谷村（以上、藤岡町）でも日夜竹貝が吹きならされ、一揆勢は村民の参加を強制したので総勢が一、〇〇〇人に及んだという。六か村は藤岡村（藤岡町藤岡）を巻き込み、宿役人に諸品の値下げ、質屋へは質物返還を求めて藤岡宿へ押し出した。一揆勢は頭取三〇人を選んで交渉したが、七人が勝手に酒食や米三〇俵を要求したりするなど金策や横領をしたので内部分裂が起き、藤岡村が離脱した。態勢を立て直す相談のため大崎村（藤岡町大前）に出向いた藤岡勢が「槍・鉄炮其外持参」していたので、大崎村も武装して待ち構え「炮戦之争ひ」になろうとしたが、村役人が間に入って治まった。一揆側の要求は藤岡村の繁桂寺（藤岡町藤岡の曹洞宗寺院）・慈福院（同所真言宗寺院。無住のため檀家世話人が代行）が仲介して藤岡宿の質屋と交渉して示談となった。この間、襲撃を恐れた宿内の有力者は縁を頼って上州や他村へ避難したという。

同じころ、巴波川下流沿いの村々でも不穏な状態となっていた。四月十三日に下河原田村（小山市）で集会が開かれ、翌日には新波（藤岡町新波）・部屋村（藤岡町部屋）の者が緑川村（藤岡町緑川）に押し寄せた。十六・十七日には小山周辺で旧幕府軍と新政府軍が衝突して旧幕府側が勝利し、二十二日には安塚周辺で両軍が衝突し、壬生城に進出した新政府軍が勝利を収めた。周辺に新政府軍の軍勢が出張るなど混乱しているなか、二十三日、巴波川左岸の大川島・上川原田・下初田・上泉・下泉・鏡・井岡・小袋村（以上、小山市）で起きた一揆は対岸の上高島・下高島村（大平町上高島・下高島）に波及し、一揆勢三五〇人が小林《おばやし》村（小山市）に押出して酒屋仲右衛門宅を打ち毀し、質物の返還や金穀の供出を要求した。名主田波弁蔵と分家久五郎は二二五両を供出して難を逃れた。小林村は京都から帰国する仙台藩主伊達慶邦や治安維持のため下高島村に出役中の吹上藩兵に取締りを依頼したが、吹上藩は一旦は追払っても藩兵を逗留することはできないので、後難があるかも知れないと言って体よく断っている。この騒動は二十五日に出兵した古河藩兵によって鎮圧され収束した。

こうした世直し一揆は慶応四年、各地で起こっており、戊辰戦争の北上にあわせて激化した。栃木市域ではこれ以外にも①鍋山村、②真名子村、③木村でも騒動があった。

①鍋山村（鍋山町）：四月十八日、小前百姓らが鎮守に集結し、「村役人へ無心」したので、金五〇両と米代として二八両を拠出し収束した。

②真名子村（西方町真名子）：四月十日、小前層が村内の困窮者の救済を求めて集結したが、領主旗本本多家の深沢陣屋（都賀町深沢）の地代官によって解散させられた。

③木村（都賀町木）：四月十二日夜、西・東木村（都賀町木）の小前らが山木八太郎知行所割元名主大橋吉左衛門と古河藩領名主五郎左衛門の両家を打ち毀したので、ほかの相給名主は出奔逃走した。東木村では閏四月十七日にも小前の老人・女・子供三、四十人が名主らの「不埒之取扱」を畠山陣屋に訴え、吹上藩が間に入って調停することになり、二十七日には吹上藩陣代（国家老）牧中駿吾が出役している。

Ⅴ　近現代編

旧栃木町役場（大正10年開設）と栃木県庁掘

一、利鎌隊と市域の神職

慶応四年（一八六八）一月の鳥羽・伏見の戦から始まった戊辰《ぼしん》戦争は東征軍優位のうちに進んだ。下野国では三月九日、梁田宿（足利市）に集結した旧幕府軍を東山道先鋒隊が急襲して撃破し、このことを契機にして下野の大名は新政府に恭順するようになる。

譜代の壬生藩は勤王と佐幕の対立で揺れていたが、四月、藩論を勤王に統一し、東征軍の指揮下にはいった。この頃から、壬生町の雄琴《おごと》大明神神主の黒川豊麿《とよまろ》が中心となり、神職らによる有志隊をつくる動きが表面化した。結集した五八人の神職らは八月二十一日、家中村（都賀町家中）の鷲宮大明神神主菱沼紀伊宅で会合を開き、神職隊を結成して「利鎌隊《とがまたい》」と名付けた。

隊員は都賀郡の四二人が最大で、ついで安蘇郡が七人、寒川郡と河内郡が各四人、塩谷郡一人である。栃木市域では二一宿町村から二七人が参加し、小野寺村（岩舟町小野寺）八幡宮大宮司小野連が応接方を、栃木町（旭町）神明神社神主黒宮織江、家中村鷲宮大明神神主菱沼紀伊、大久保村（大久保町）星宮大明神神主小倉伊賀、惣社村（惣社町）大神神社大宮司国保近江など地域の大社の神職が長士（隊長）に就任した。家中村からは最大の五人が参加し、名主の刑部善十郎が鑑察役に就任した。刑部と同じ鑑察役になった常世長胤《とこよながたね》（上総国出身。壬生町居住）は平田銕胤《かねたね》（平田篤胤の養子。明治政府に仕え、明治初期の宗教政策に影響を与えた）の門人である。刑部と常世は甲斐国都留郡の吉田御師《おんし》が結成した蒼龍隊《そうりゆうたい》に参加していたが、九月、東征大総督府に利鎌隊の結成を認めてもらうため出府中の黒宮に誘われ、十月に蒼龍隊を除隊して帰国し、鑑察役の要職に就いた。九月五日、利鎌隊は大総督府から公認されたが、希望した大総督宮（有栖川宮熾仁親王《ありすがわのみやたるひとしんのう》）の護衛は認められず、帰国して「残賊追討、黎民の疾苦無之《これなき》様いたし候」と命じられた。

戊辰戦争がほぼ終息した明治元年（一八六八）の後半、黒川は東京で活動しており、十月十三日、黒川・菱沼・国保ら隊員九人は大総督府の通達によって、東京に行幸する天皇を品川でお迎えした。この月、黒川らは鉄炮二〇挺と銃弾を七〇両余で購入している。この頃の利鎌隊は絶頂期にあり、隊員は六〇余人に増加していた。

戊辰戦争が終結すると、正規の軍隊組織でない利鎌隊の活動は著しく制限された。後ろ盾の東征大総督府も十月二十四日に解散され、有栖川宮は東京城に参内して錦御旗と節刀《せつとう》を返還した。十一月四日、黒川は有栖川宮から「御肴料として金千疋」（金二両二分）を下賜された。

帰国した黒川らは平柳村（平柳町）の星宮大明神林和泉方に文武稽古所を設立したい旨を真岡知県事役所（↓日光県）に願い出た。奥羽平定後も「脱走のもの共も少なからず哉《や》に相聞こえ候間、当御役所の御差図に随ひ、非常の節は御皇恩の片端《かたはし》をも報い奉り度《たく》存じ候」というものであった。戊辰戦争が収束に向かっているなかで、武力を重視する姿勢は時勢を理解した行動とはいえず、知県事役所の認めるところとはならなかった。その後、黒川らは「古学之主趣を会得」して「非常之節に者《は》御役所御指揮に随ひ、身命を擲《なげうつて》而尽力」したいと、改めて文武修練所の開設を願い出て許可されたが、この頃から隊員の不協和音が表面化する。十一月十四日、修練所開所日というのに、三番組長士戸賀崎河内、十一番組長士阿部肥後と組下の隊員が出席せず、安蘇郡の神職らが離脱した。

利鎌隊は「勤　王の実効を相立」る目的で設立されたが、結集した隊員の資質や目的も様々であった。もともと神職の身分は低く、日光県の下吏からは「卑賤之者」と蔑まれており、隊員の多くはこうした現状を打開して「士装帯刀」（武士身分になること）が願いであった。なかにはこの機会に一旗をあげようという不純分子もいた。例えば、家中村の復飾神主荒井主殿《とのも》は還俗の許可を得るため上府した際に金銭問題を引き起こしており、帰国後も河内郡桑嶋村（宇都宮市）の金剛定寺・感応寺に押しかけ金銭を強要したとして宇都宮藩から捕縛された。隊員の復飾神主横田大炊・河内主膳の二人も主殿と行動を共にしたとして干与を疑われている。荒井は家中村でも菱沼紀伊と対立しており（この点は前述）、利鎌隊への参加は認められなかった。黒川が最も危惧した寺院との紛擾が現実となったのである。大総督府から公認された軍事組織という高揚感から勝手な振舞をする者もいて、寄せ集め集団としての限界があらわれたのである。内戦が終了すると、利鎌隊は存在意義を失い、日光県からは不要な存在とみなされ、明治三年一月、僅か二年で解散したのである。

二、吹上藩の明治維新

(1) 戊辰戦争と吹上藩

慶応三年(一八六七)十月の大政奉還によって、江戸幕府は事実上崩壊した。朝廷は諸侯に京都に参勤するように命じたが、下野諸藩で応じる藩はなく、吹上藩は十一月十五日、「朝廷の召命を辞」して幕府に忠誠を誓い、引き続き江戸城山下御門の警護を担った(吹上藩は同月、陸奥岩沼・上野安中・上野伊勢崎・播磨三幸藩と山下門警衛を命じられた。吹上藩は足軽を増補し歩兵隊を組織し、用人西村武平が七〇余人を率いて上府した。十二月には上総請西《じようさい》藩に代わって清水門警衛となり、翌年二月までつとめた)。翌四年二月、藩主の代わりに老臣(重臣)を上京させ、藩の生き残りを賭けた二股策をとった。「朝敵」追討の東征軍が迫るなか、進路にあたる中部地方の諸藩は新政府に恭順したが、下野諸藩の去就は定まらなかった。それが三月九日、新政府軍二〇〇人余が下野に入り、江戸を脱走して梁田宿(足利市)に宿泊していた旧幕府軍一、〇〇〇人を急襲し、旧幕府軍は一一三人の戦死者を出し、会津に敗走した。これを機に、下野諸藩は新政府に恭順する姿勢を明確にした。吹上藩では藩主有馬氏弘が士分一七、八人を率い、国元の動揺を静めるため三月八日に吹上に到着し、東山道先鋒総督府（参謀：板垣退助）から下野国内の旧幕府脱走兵士の捕縛を命じられた。

四月十六日、吹上藩は東山道総督府参謀より在府兵一三一人を因州藩（鳥取藩）附属とすることを命じられた。一三一人の構成は諸士（士分）七一人、兵卒（足軽）三二人、夫卒（人足）二八人である。十八日、因州藩士河田左久馬（東山道先鋒総督府内参謀）に率いられた歩兵八小隊と大砲一分隊は江戸を発ち下野に進軍し、二十日壬生城に入った。河田軍は因州藩砲隊一分隊と一小隊、因州藩支藩若桜《わかさ》藩と元旗本大久保駿河守の混成一小隊、山国隊（丹波出身の農兵隊）一小隊、吹上・松本藩混成一小隊（砲三門）および土佐藩四小隊（砲二門）から編成されていた。吹上藩の兵力は二〇人余で、松本藩兵二〇人と一小隊を編成したのである。二十一日には総督府の命で、吹上藩陣屋表の一小隊も大砲一門を曳いて壬生城に入り（岡田嘉右衛門の日記には、人数は四、五〇人、騎馬一人、車付銃砲二門、小筒《こづつ》とある）、河田の指揮下に入った。

宇都宮城を占拠した旧幕府歩兵奉行大鳥圭介が率いる軍勢は戦意が高く、秋月登《のぼり》之助《のすけ》（会津藩士）に精鋭部隊の伝習隊ら約六〇〇人を付けて壬生城攻略に向かわせ、二十一日に安塚（下都賀郡壬生町）に到着して陣を構えた。これに対し、壬生城に入城した河田左久馬は配下の山国隊、壬生藩二小隊、元旗本大久保駿河守隊、吹上・松本藩連合小隊と土佐藩の合計六小隊を先鋒として出陣させ、吹上藩陣屋勢と土佐藩二小隊がこれに続いた。翌二十二日早朝に始まった戦闘は旧幕府軍優勢のうちに進み、壬生・吹上藩兵は四時（午前十時）頃に吹上近くまで逃れてきた。壬生城で苦戦の報に接した土佐藩二小隊と因州藩本隊が祖父江可成（土佐藩士）に率いられて安塚に急行すると、形勢は逆転して東征軍が雨中の白兵戦に勝利した。

吹上藩官修墓所

この戦いについて『吹上藩記』は「弊藩人数二小隊、大砲二門、四月廿一日夕、因州藩へ附属、先手に相進、安塚村へ進軍。大雨中難戦、遂に勝利に及ぶ。追討宇都宮表に至り、猶賊徒攻撃甚だ苦戦、死傷等御座候上、大砲二門打毀わさる。其の外器械多分損傷す。官軍勝利之上、因州藩同様壬生表へ引き揚ぐ」と激戦の様子を記している。吹上藩は安塚の戦で戦死者四人（藩士二人・農兵二人）、手負（深手）七人、死生不明一人という大きな損害を受けた。戦死した藩士二人は壬生町の興光寺に他藩の戦死者一四人とともに葬られた。のち、吹上藩の戦死者四人は真言宗正仙寺（吹上町）の「官修墓所」に葬られた。官修墓所とは、戊辰戦争の殉難者の墓地で、監守人が置かれ、政府から一か所につき金六円二五銭が支給された。

安塚の戦い後も、吹上藩一小隊は旧幕軍大島本隊が立て籠もる宇都宮城攻撃に従軍し、さらに奥州まで転戦した。江戸から壬生城に入り安塚で戦った一隊はそのまま壬生城を守備していたが、閏四月に大久保駿河守隊と合わせて七〇人程が例幣使道合戦場宿→栃木宿を通り、江戸に戻った。下野の戊辰戦争がほぼ収束すると、六月、下総野鎮撫府鍋島直大《なおひろ》（肥前藩主）は下野諸藩に旗本領の取締を命じ、吹上藩は担当郡の安蘇郡を巡撫し、民心の安定にあたった。また在府兵は引続き、江戸城（東京城）山下門の警護をつとめた（十月に津藩に代わって水道橋警護に変更された）。

九月一日、真岡知県事となった鍋島幹は日光領を接収するため日光に入ったが、会津街道ではいまだ新政府軍と会津残兵の間に単発的な衝突が続いていた。危機感を持った鍋島は、十五日、吹上藩に農兵も含めた「有り合わせの人数残らず」出兵するように命じたので、一小隊兵三七人と大砲一門を鉢石宿（日光市）に派遣した。これでは領分の警護が出来かねると歎願したので、二十日、大総督府参謀より帰藩命令が出された。さらに会津若松城の落城によって十月九日に撤兵命令が出されたので、ここに吹上藩の戊辰戦争は集結した。

(2) 吹上藩斬奸事件

吹上藩主有馬氏郁《うじしげ》が文久二年（一八六二）十月に急逝した。長子の邦丸《くにまる》が万延元年（一八六〇）生まれで幼少であったので、同族の旗本有馬家から氏弘を養子に迎え、氏弘は一三歳で襲封して兵庫頭となった。吹上藩は戊辰戦争が終結すると、明治二年（一八六九）六月、戦功賞典として新政府から一時金として金札（太政官札）二、〇〇〇両を与えられた。氏弘は版籍奉還により知藩事（家禄三五三石）となったが、同四年七月の廃藩置県で免官された。

明治二年、吹上藩は後に「吹上藩斬奸《ざんかん》事件」と呼ばれる衝撃的な事件を起こしている。『公文録』『明治維新綱要』などによって、事件の概要を見ておこう。

三月十三日早朝、吹上藩士九人が江戸藩邸に斬りこみ、家老辻本宗之進ら重役三人を殺害し、刑法官に首級を携えて自首した。十九日、刑法官は彼らの身柄を福岡藩黒田家に預け、二十三日には藩主氏弘に処分決定まで謹慎を命じた。そして、刑法官ついで刑部省で取調が行われ、九月十七日に判決が下された。判決は鈴木錞次ら藩士八人を自尽（切腹）、農出身（組頭）の鈴木政右衛門を斬罪と決し、その日の中に刑が執行された。八月に出された刑部省の判決案によれば、江戸藩邸の重役が「幼主を欺て」職権を振るい驕奢を恣にして藩政を壟断したという主張を認める一方、厳科に処すのは「国典」に背くからであるとした。その行動は藩主を思

吹上藩旧侍墓地

う情実によるものであるとして、八人は「家蹟は血統の者を以て立遣」、農一人は「家財欽に不及《およばず》」とされた。謹慎中の氏弘も藩政不行届として十日間の閉門となり、二十八日に解除された。翌三年一月に氏弘は吹上に帰国して蟄居に入ったが、四年一月に砲隊六十余人に見送られて東京に戻っており、軽率な行動と見られても仕方がないであろう。現在、正仙寺の旧侍墓地に「吹上藩斬奸事件勇士の墓碑」がある。有馬家の菩提寺麻布・祥雲寺（渋谷区）にも墓がある。

この事件は不可解な点が多い。事件の情報に接した岡田嘉右衛門は日記に「昨年迄当地陣代いたし居候牧中駿吾之胸中より工風いたし候哉之風聞有之。吹上村医師壱人、郷足軽弐三人働候由、当時上下屋敷共慎居之由、兵庫頭様始牧中并陣屋にも三人程慎申付られ候由」と記し、国元に事件に関与する者がいて、陣代（国家老）牧中駿吾の胸中を察して行われたらしいことや陣屋にも謹慎者が出たという風聞を記している。切腹した八人の一人吉田新兵衛は牧中の家臣であり、事件に牧中が関与した可能性を示唆している。そもそも九人が二〇歳になる藩主の知らないところで計画、実行したというのも疑わしい。明治九年十二月、氏弘は突然、先代藩主氏郁夫人瑤光院《ようこういん》に家督を譲って有馬家と絶縁した。そして翌十年、知藩事在職中に家臣を死に至らしめたとして拘留されたが、事件から五年以上経っているとして赦免されている。このことと斬奸事件のかかわりは不詳であるが、江戸藩邸の重役殺害が氏弘の主命で行われた可能性も考えなければならない。家臣が君側《くんそく》の奸を斬ったという単純な構図の事件であったのかは再検討を要する。

瑤光院は十年十二月、実子邦丸が生存しているにもかかわらず、久留米有馬本家から頼之（明治三年生まれ）を養子に迎えて家を継がせており、有馬家にとって尋常でないことが相次いでいる。頼之は明治十七年に子爵、三十五年に貴族院議員となり、有馬家の名誉を回復している。

三、栃木県庁の開設と移転

(1) 栃木県庁の開設

慶応四年（一八六八）六月、鍋島道太郎（幹《みき》。肥前藩士）が真岡知県事（→日光知県事）に任命された。最初の知県事役所は宇都宮城に置かれたが、八月に石橋宿（下野市）に移設され、日光に出張役所が設けられた。翌明治二年二月には日光を本陣とし、石橋役所を出張所に変更し、県名を日光県と改めた。

明治三年七月、足利藩と日光県は「本庁互に隔地の場所にて双方不都合の趣を以て村替《むらがえ》」したい旨の願書を民部省に提出し、翌四年一月に認められた。これにより、日光県は足利藩領であった栃木宿・栃木城内村など都賀・梁田郡の八か村四、二五九石余を受取ることになった。新しく管轄下に入った栃木宿は巴波川水運の便があり、管轄域のほぼ中央に位置して人口も多く豪農商が軒を並べていたので、日光県は本庁を置くのに適地と判断し、六月に「転庁之儀相伺書付」を弁官に提出し、「諸民輻湊《ふくそう》、四通八達」の地である栃木町に本庁を移転し、県名も栃木県に改称したい旨を願い出たが、このときは新政府からの返答はなかった。その一方で、五月に石橋出張所の栃木町移転は実現しており、十日から定願寺で執務が開始された。県令以下、栃木町に移っているので事実上の県庁移転と言ってもよいであろう。

日光本庁の栃木町移転を実現するには、日光県（→栃木県）が建設資金の多くを準備する必要があった。四月十三日、栃木町に滞在中の日光県少属菅野義重から呼出を受けた岡田嘉右衛門親之は、移転費用には二万五、〇〇〇両が必要であり、栃木町と木戸外（嘉右衛門新田村・平柳新地・大杉新田村・箱森村）で五、〇〇〇両を用立てて欲しいといわれた。十六日に嘉右衛門が三七〇両持参したところ、倉持盛明権大属から再度、木戸外で一、〇〇〇両負担するように要求された。十八日に六三六両納入できると返答したが、栃木町は三、〇〇〇両（最大は釜佐の三五〇両）を約束しているので、木戸外でも七〇〇両を納めるようにと申聞かされ、結局七〇〇両を納入することで決着した。

資金に加えて県庁の設置場所の問題もあった。出張所の定願寺は手狭であり、鍋島県令や官員は町内の寺院や旅宿に分散居住しており、事務は停滞しがちであった。そこで、四月十六日に藤川敬六（為親）日光県大参事が薗部村鶉《うずら》原（入舟町）の大日堂周辺を検分し、二十七日には井上義斐大参事も同所検分のために来栃した。近世の大日堂は九尺四面の瓦葺屋根、羽黒山修験の正徳院を触頭としており、薗部村役人支配であった。明治時代には間口三間、奥行二間の拝殿が附属していたが、現在は建て替えた大日堂のみが残っている。

大日堂

明治四年七月、廃藩置県の詔書が出され、藩が廃されて県となり、各藩知事は罷免されて東京在住が命じられた。十一月に下野国内は栃木県と宇都宮県の二県に整理統合され（栃木県は足利郡・梁田郡・寒川郡・安蘇郡・都賀郡と上野国の邑楽郡・新田郡・山田郡を管轄した）、鍋島日光県知事が初代の栃木県令となった。あわせて、県庁の栃木町移転と栃木県仮庁舎を定願寺に設けることも承認された。そして十二月九日、栃木県は薗部村大日堂周辺地を庁地とすることを正式に決定した。購入した土地は、県内（県庁・官舎敷地）および周囲悪水堀・牢獄、その他道敷など合計二万四、六九二坪四合二勺二才、買上代金八四六両、永一〇九文四分であった。大地主であった長谷川藤助は売却することに難渋したが、最終的には町内有力者に説得されて同意した。

県庁は「鄙陋《ひろう》小民の眼目も開化仕るべく」、つまり田舎びて品のない住民の文明開化を図るために洋式建築とすることになり、五年十一月に竣工した。建設予定地は一帯が水田であったから、敷地全体に盛土をして堀も整備したので、経費は当初の予算より大幅に超過した。最終的には総経費が一万七、二〇〇円四九銭八厘（残金二六六円一四銭四厘）、このうち管内町村の献金が九、八一七円九二銭八厘、残る七、三八二円五六銭九厘は官費が三分の一で二、四六〇円八五銭六厘、民費（郡中割）が三分の二で四、九二一円七一銭三厘である。すなわち総経費の八七％を献金・民費が占め、県庁は町民や県民の協力・負担によって完成したのである。県庁建築費は六、五四九円四七銭一厘五毛である（明治四年五月の新貨条例で旧一両は一円と等価とされた）。開庁式典は翌六年一月一日に行われ、その日から新庁舎で業務が開始された。

県庁敷地は東西二四六メートル、南北三一五メートル、周囲に幅六メートルの堀を廻らし、庁舎に直接舟が着けるように巴波川に通じる漕渠《そうきょ》が設けられた。南の表門を入ると正面に庁舎があり、他に県令をはじめとする官吏の住居があった。東には舟荷を陸揚げする揚場《あげば》があり、敷地の北西角地には遙拝所が設けられ、国幣中社日光二荒山《ふたらさん》神社を遙拝できるようになっていた。遙拝所は柏倉村（柏倉町）の琴平神社が二五〇円を献金して建立された。明治四年に定められた四時祭典定則で神武天皇祭が規則化されると、琴平神社から再び営繕費の寄附を受け、神武天皇陵を遙拝する施設に変更されたので、神武神社と俗称された。遙拝所は明治十二年に県会が開設すると、議場としても利用された。

観明寺

明治六年六月十五日、宇都宮県が廃されてその県域が栃木県の管轄となった（現在、栃木県は六月十五日を「県民の日」としている）。なお、現在の県域は七年九月に上野国邑楽郡・新田郡・山田郡の三郡を群馬県に編入したことで定まった。明治十七年に県庁が宇都宮町に移転すると、県庁施設は栃木町民に小学校建築木材用として金六、〇〇〇円で払下げられた。遙拝所（神武神社）は栃木町から八〇円で田村（田村町）に売却され、観明寺本堂となった。現存する唯一の県庁時代の遺構である。

因みにとちぎ秋祭りは現在、二年に一度開催され賑わっている。この祭りは明治七年四月三日の神武天皇祭に県庁構内に山車を出して祝賀したことに始まるという。神武天皇祭は神武天皇崩御日に橿原陵《かしはらりよう》を遙拝する祭で、政府はその日に橿原陵を遙拝することを命じた。栃木県は県庁構内の遙拝所で祭典を行ったが、そのときに栃木町の山車「四海波風静の山し《だし》」（倭町）、「餅の出し」（河合町）、「諫鼓鳥《かんこどり》」（泉町）、花屋台「外面夜叉なる道成寺《どうじようじ》の人形」（室町）が祝賀のため出御し、手踊りが行われて賑わった。静御前の山車は東京日本橋の山王祭に使用されたものを購入し、諫鼓鳥は宇都宮から購入したものといわれ、今も秋祭りに曳き出されている。

県名文字の統一

栃木県の県名ははじめ「橡木県」「杤木県」と表記された。「とち」の本字は「橡《しゆう》」、トチノキ科の落葉喬木《きようぼく》であり、「杤」は同じ意味の国字である。白川静著『字統』は、十（とお）と千（ち）を掛けると「万」になるところから、万を「とち」と読み、木偏を付してトチノキの意を表したとする。万の旧字が萬であることから「櫔」とも記した。近世文書には「杤木」と表記されているので、本来は杤木であったのだろう。そのため、廃藩置県後の県名も「杤木県」と表記するケースが多い。

明治五年（一八七二）十月、栃木県庁は「県名之義、橡・杤之両字錯綜相用来」たが、今後は「杤之字に一定候」と布達した。栃木県庁表門の門札にも「杤木縣廳」と記されていた。しかし、その後も統一して用いられなかったので、明治十二年四月、鍋島県令は「県名ノ義従来枋之字相用ひ来り候処、以後枋之字を相用ひ候条」と布達して「枋」字に統一した。なぜ「枋」ではなく「枋」字に統一したのか諸説あるが、どれも想像の域を出ていない。

枋木の地名の起こりを、神明宮の屋根の千木《ちぎ》が十本あったのでトチギにしたというのは全くの付会である。平成の合併前の旧枋木市の市章はこの千木をデザイン化したものである。

なお、県庁の移転によって、町内の上町は万町、中町・東横町・西横町は倭町、下町は室町、裏町通りは旭町と改称され、枋木町の小字となった。

(2) 県庁の宇都宮町移転

明治六年（一八七三）六月に宇都宮県を合併した枋木県は県庁をそのまま枋木町に置いたので、宇都宮県庁のあった宇都宮町の不満は大きかった。最も古い明治十九年の『枋木県統計書』によれば、宇都宮町の町勢は戸数で枋木町の三倍、人口は四倍あり、市場の売買高に至っては一〇倍もあった（枋木町の戸数は足利町に次いで三番目、人口は五番目である。町村税収入も宇都宮、足利、佐野、鹿沼町に次いで五番目である）。それが、枋木町には学校（師範学校・医学校・中学校・女子中学校）や官衙（裁判所・監獄本署・警察署）、第四十一国立銀行本店が置かれたが、宇都宮町は県の支庁が置かれただけであったので、県庁移転を切望する声が高まっていた。

宇都宮町が県庁の宇都宮移転運動を本格化したのは明治十五年である。十二月、川村伝蔵河内郡長が中心となって内務省に請願書を提出し、翌年には町民も県庁敷地の上地（納地）や新築費（県庁・監獄・師範学校）を負担するとの書状を三島県令に提出した。一方、栃木町の有志も移転反対の陳情書を一、二八〇人の署名をもって内務省に提出するなど、両町の陳情合戦が加熱したので、内務省は手続きに瑕疵があるとして受理しなかった。

県庁所在地に関する両町の主張は、①県の中央であるか否か、②交通の至便さはどちらか、③移設費用の問題、の三点に集約される。①は、宇都宮側は地理的に県央部に位置するとしたが、栃木側は那須郡は未開原野の地であり、旧栃木県（下都賀・上都賀・寒川・安蘇・足利・梁田郡）は旧宇都宮県（河内・芳賀・塩谷・那須郡）に較べて人口も多く、物産や工業も発達している。栃木町こそ事実上の県央部にあたり、県治上の適地である、と主張した。②について、宇都宮町は国道奥羽街道（東京街道）や鉄道（明治十八年に大宮—宇都宮間の鉄道敷設が完成している）の便があるというが、利根川下流栗橋付近の水難を考えると必ずしも便利とはいえず、移転の理由とはならない。③については、鹿沼宿が、佐野常民元老院議長に提出した建言書において、移転に賛成できない理由としてあげたのは、「方今財政困難の秋《とき》に際し、堅牢の庁舎を毀《こぼ》ち、僅か四五里程の間に移転し、之が土木を興し、莫大の冗費を消耗するは、其の経費の償却者あるも、経済に於て決して為すべからざるは明かなり」というもので、移転建築は大きな問題であった。しかしこの件は前述したように宇都宮町が負担するということで解決した。

こうした動きに対し、第二代県令藤川為親（明治十三年十月就任）は明確な態度を示すことはなかった。藤川は元佐賀藩士で、その経歴は日光県→栃木県と鍋島県令の次席として活動し、栃木町に対する愛着は強かった（明治十六年に島根県令に転じ、在職中に死去したが、遺言で湊町の白旗山勝泉寺に葬られている）。

事態が大きく動いたのは、明治十六年十月に福島県令三嶋通庸《みちつね》が三代栃木県令を兼任したことによる。三島は内務卿の山県有朋に近く、福島事件で福島自由党を弾圧して「鬼県令」と呼ばれた。また、各地の県令を歴任し、道路や県庁（山形県庁）など大規模な工事を強行し、「土木県令」とも呼ばれ、明治十七年には内務省土木局長を兼任した。三島は那須野ヶ原開墾事業も手がけており、宇都宮町に近いこと。また狭隘な敷地に県庁のある栃木町に対し、宇都宮町は宇都宮藩の城下町であったので広い用地があり、将来の発展を考えると県庁所在地として相応しいとしたのは不思議でない。三島にとって、宇都宮町の要望は渡りに船であった。

「史蹟橡木県庁址」の碑

『栃木市史』の監修者日向野徳久撰にな

る「史蹟橡木県庁址」碑に移転の「真意はこの地本県における自由民権運動の発祥地たるとわが郷党の進取自由の気を避けしなるべし」とあるように、地元では三島が民権運動の中心地である栃木町を嫌って宇都宮町移転を決断したと信じられているが、話としては面白いが事実として採ることはできない。

こうして、明治十七年一月、県庁の移転が認められた。山県有朋内務卿は三条実美《さねとみ》太政大臣に、移転の理由を「栃木県庁之義、是迄下都賀郡栃木町に設立有之候處、右は管内の一端に偏在し、到底全管内統理上不便少なからず候に付、管内中央にして殊に国道の要衝たる河内郡宇都宮へ移転相成然るべしと存候」と述べている。栃木県は県名も宇都宮県に変更されたと解釈して布達まで出したが、政府は県名の変更を認めなかったので、従前通りとなった。

四、近現代の神社と神職

(1) 神仏分離と栃木

明治政府は神社から仏教色を一掃して神道の国教化を進めた。慶応四年(一八六八)三月、神祇事務局が全国神社の別当・社僧に復飾《ふくしょく》（還俗）を命じ、太政官布告で神号に権現《ごんげん》・牛頭天王《ごずてんのう》などの仏号を禁止すること、神社から仏像・仏具を撤去することを指令した。閏四月には別当・社僧で還俗する者は神主・社人と称して神社に奉仕することを認め、仏教信仰により還俗しない者は神社から退去することを命じたので、別当や社僧で神職に転身する者が続出した。

神仏分離政策は僧侶や修験に大きな衝撃を与えた。近世の修験《しゅげん》は「山伏」とか「別当」と呼ばれ、庶民の求めに応じて現世利益《げんせりやく》的な加持祈祷、ときには施薬などの医療行為を行った。また江戸中期以降盛んとなった山岳登拝の先達《せんだつ》もつとめ、鎮守の祭祀に関与する者も多かった。神と仏を同時に祀る修験は庶民に最も身近な宗教者であり、滅罪《めつざい》（葬式）檀家を持たないのが一般的であった。政府は明治五年、無檀・無住の寺院は廃止する方針を布告した。明治六年五月、宇都宮県は教部省に三三四か所の寺院を廃寺にしたと報告したが、漏れている寺院もあるので、実数はもっと多かった。

こうして、神社は寺院から分離されて仏教的要素が一掃された。それまで多くの神社は寺院に従属し、神仏習合の祭祀を営んできたので、仏教は有史以来ともいえる打撃を受け、今日見るような寺院と神社の形が出現したのである。

日光県は明治四年十月、「戊辰以来本年に至る迄管下各村の修験及ひ別当・社僧等の復飾せしもの」の一覧を作成して教部省に提出した。それによれば、復飾者数は一〇六社一〇七人である。出身をみると、天台宗・真言宗の僧侶で復飾した者は三人に過ぎず、ほとんどが別当・

修験である。別当は神社や別当寺（神社を管理する寺院）に属して神仏事を修した僧侶である。復飾表の表記によれば、「別当」が八二人、「修験」が一八人、「社僧」が四人である。また「別当」のうち修験で別当を兼ねる者が五一人とある。これに「修験」一八人を加えると六九人となり、実に復飾者の六五％が修験である。また、神職にならずに帰農した者も七人いる。

復飾者の一覧には、栃木市域の六人の復飾神主の名と復飾年月が載っている。最も早く復飾

太平山神社随神門

六角堂

したのが太平山大権現別当の連祥院本準である。明治元年（一八六八）九月十日に来山した遠州報国隊（遠州浜松の神職を中心に組織された草莽隊）の隊長杉浦鉄五郎が、住僧は退山して太山寺《たいさんじ》に隠居し、他の僧も復飾すること。鰐口《わにぐち》（仏具の一種で、仏堂の軒先に架けて打ち鳴らした）をすべて取り外して鈴に変えること。仁王門の「仁王は後へ引込、板張にいたし候事」など、神仏分離の実行を命じた。これにより、同月、本準は還俗して小林津祢磨と改名し、真岡知県事（→日光県）役所に届出て太平山神社の神勤を認められ、十月末には境内の仏教色を一掃した。太平山神社随神門と呼ばれるこの門は現在、左大臣・右大臣像を安置しているが、門の後に回れば仁王像が配され、神仏習合時代の名残りをとどめている。本尊の虚空蔵菩薩（栃木県指定文化財）は山中の旭岳（太平少年自然の家敷地）に仮堂を建て移されたが、暴風雨で倒壊したので、明治三十五年（一九〇二）、山麓の現在地に堂宇を建立して本尊とされた。愛染明王も護摩堂から移されたものであるという。京都の六角堂を模して建てられたので、六角堂と呼ばれ、連祥院の院号を継承している。山麓の太山寺本堂（平井町）にも西脇殿の大日如来、文殊堂の文殊菩薩、釈迦堂の釈迦如来、護摩堂の大威徳明王、本尊の御前立像の不動明王などが移された。

残る五人は明治二年に復飾している。都賀郡西木村（都賀町木村）の真言宗華厳寺の僧尚信は村内の八幡宮別当を兼ねていたが、二月に復飾・神勤したので華厳寺は廃寺となった。これで困ったのが華厳寺を檀那寺とする東木村の人びとである。名主らは「滅罪脇寺安養院」の檀家に変更したいが、住僧宝吽《こう》が修行を終えるまでの間、仮に隣村原宿村（都賀町原宿）の玉塔院檀家になることを願い出た。ところが、明治五年に華厳寺が全焼してしまったので計画はうまくいかなかった。牛久村（大平町牛久）の愛宕宮は村内の天台宗牛来寺《ごらい》が別当であったので、牛来寺は六歳の弟子を復飾させて愛宕宮と外一社に神勤させた。牛来寺は滅罪檀家があるので還俗できず、神社の支配を維持するための苦肉の策であった。土与村（大平町土与）の修験安養院は復飾して愛宕神社、片柳村（片柳町）の北蓮寺も復飾して天満宮に神勤した。久保田村（久保田町）の修験泉蔵院は帰農したので、安養院・北連寺・泉蔵院の三寺は廃寺になった。

嘉右衛門新田村（嘉右衛門町）の鎮守神明宮は慶長年間（一五九六～一六一五）、当村の開拓者岡田嘉右衛門が創建したと伝えられ、元禄十二年（一六九九）三月に嘉右衛門親寶が屋敷地の一部を神明宮に寄進した。以来、当山派修験の長泉寺が境内地に住居し別当となり、良秀のときに明治維新を迎えた。良秀は嘉右衛門親之と相談して復飾神勤することにした。慶応四年（一八六八）八月、良秀は親之から壬生町の藤森神社（雄琴《おごと》神社）の黒川豊前と内談するように指示され、良秀と年寄岡田善右衛門ら村総代五人は黒川家を訪れて挨拶した後、親之に還俗願いを提出した。九月、良秀は親之に「御苗字之内一字」を頂戴し、名も選んでほしいと願い出、「岡宮斉宮」と名乗った（間もなく岡宮安芸と改名、明治三年二月に「岡宮真寿美」となる）。十月、領主の畠山陣屋に「復飾祠官願」を提出した。良秀は兄の麻田屋利兵衛と一緒に出府した。そして、社寺裁判所の指示を受け、十一月に弁事官に願書を提出し、復飾・神勤は聞届けられた。また、村内の牛頭天王の夏祭りは輿や「岩・瀧・牡丹之餝だし」が出御し、子供手踊りが行われるほど盛大であった。これも、神仏分離によって二年六月に牛頭天王を「須賀大神」に改号し、それまで初穂料は長泉寺と行人《ぎようにん》（修験者）が一貫五〇〇文ずつに折半していたが、長泉寺改め岡宮安芸が全て収納し、修験者を排除して実施されることになった。

(2) 社格制度と神官任用試験

明治四年（一八七一）五月の太政官布告で「神社は国家の宗祀《そうし》」、つまり国家が公に祀るものとされ、神社の公的性格が明示された。太政官は神職の世襲廃止や社格制度、氏子取調規則などの施策を相ついで実行した。

五月、政府は神社を官社と諸社に二別し、社格を定めた。官社は官幣社（大・中・小）と国幣社（大・中・小）の二種で神祇官が所管し、諸社は府藩県社（藩社は廃藩置県で県社となる）・郷社・村社で地方官の所管とした。七月に「郷社定則」を布告し、一戸籍区（小区）に郷社一社を置き、一村に一村社を置いて郷社の附属とした。郷社は「式内か或は従前の社格あるか又は自然信仰の帰する所か、凡《すべ》て最首となるべき社」が選ばれ、府県社は郷社を兼ねた。郷村社以外の神社は「摂社」と呼ばれ、社格のない神社であることから「無格社」とも呼ばれた。こうして、神社は官社・府県社・郷社・村社・無格社と序列化された。この格付けの過程で、社名や祭神も国家の宗祀にふさわしいように変えることが命ぜられた。都賀郡今泉村（今泉町）の妙見社は、日光県が神祇省から「北斗七星を祭候分は神社に無之《これなし》」と指令されたので、五年八月、地名の今泉神社と改号し、祭神も天御中主命《あめのみなかぬしのみこと》・稲倉魂命《いなくらたまのみこと》・誉田別命《ほんだわけのみこと》に改められた。

また、伊勢神宮以下全神社の神職の世襲は弊害があるとして任命制となり、府県は「国学試験」と呼ばれる神官採用試験を実施した。栃木県は明治五年十一月の任用試験で不合格者もでたので二〇人余が定員不足となり、翌六年二月に再試験を行った。試験は「祝詞《のりと》正訓・広瀬祭、日本紀・神代部、古語拾遺・素戔嗚部」の訓読と「書熟否」であり、合格すると祠官《しかん》・祠《し》掌《しょう》に任命された。それまで様々な名称で呼ばれた神職は統一して「神官」（県郷社の神官は祠官・祠掌、村社は祠掌）となった。神官は「一区内一両人」を原則に任命された。合格しても神勤する神社は県が決めたので、数百年、何世代も続いた神職が解任され、社家の断絶というケースもあった。県社神明神社（旭町）は創建以来、黒宮家が神職であったが、黒宮織衛が十年八月に都賀郡惣社村（惣社町）の郷社大神神社祠掌に任命されたので（間もなく、郷社太平山神社の祠掌に転じている）、四七〇年続いた繋がりは終焉した。

こうして、神社は国家機関となり、神官は官吏として官等と月給が付与された。府県社祠官は十五等・五両（円）、祠掌は等外二等・三両二分であり、給禄は大蔵省が地方官を通して支給した。郷社祠官は等外一等・四両、祠掌は等外三等・三両であり、給与は氏子が負担した。この制度は翌六年に廃止となり、「人民の信仰に任」すことになった。さらに十二年には等級

栃木県第一大区第一小区の神社と神官　明治8年8月

社　名	鎮座地	社格	氏　子	祠官・祠掌
神明神社	栃木町	県社	976戸・3990人	祠官：小村隣 祠掌：黒宮織江
星宮神社 東宮明神・八坂神社・日光社	栃木城内村	村社 摂社 〃	180戸・765人	祠掌：黒宮織江
日枝神社 鹿島大神・稲荷大神・白山姫大神・厳島大神・八坂大神・愛宕大神・熊野大神	沼和田村	村社 摂社 〃 〃 〃	196戸・949人	祠掌：黒宮織江
二杉神社 天満宮・赤城社・東宮社	片柳村	村社 摂社	236戸・960人	祠掌：黒宮織江
浅間神社 八幡神社・神明大神・磐裂根裂神・神明大神・神明大神	薗部村	村社 摂社 〃 〃	194戸・968人	祠掌：黒宮織江
星宮大神 神明宮・水神宮・天満大神・大国神社・稲荷大神・愛宕大神	平柳村	村社 摂社 〃 〃	229戸・1014人	祠掌：黒宮織江
星宮神社	小平柳村	村社	46戸・168人	祠掌：黒宮織江
神明神社 八幡神社	嘉右衛門新田	村社 摂社	152戸・564人	祠掌：岡宮真澄
大杉神社	大杉新田村	村社	109戸・380人	祠掌：黒宮織江
鷲宮神社 十二所大神・稲荷大神・弥巻神社・雷電神社・愛宕神社	箱森村	村社 摂社 〃 〃	174戸・813人	祠掌：黒宮織江
				惣戸数：2492戸・惣人員：10571人

摂社は無格社の別称

栃木県第一大区の郷社と神官

小区	郷社名（鎮座地）	祠　　官	祠　　掌
1	神明神社（県社・栃木町）	小村隣	黒宮織江・岡宮真澄（村社神明神社）
2	諏訪神社（真弓村）	大和田茂信	不詳
3	琴平神社（柏倉村）※	小村隣	古橋義長
4	春日神社（大久保村）	小倉豊光	大館虔常
5	八幡神社（木村）	久我正通	木村尚信
6	大神社（惣社村）	国保能通	野中通直・菱沼義章
7	近津神社（大沢田村）	阿久津真澄	佐知田歳躬
8	磯山神社（磯村）	金子惟嘉	島田巌石

※第三小区の琴平神社の社格は無格社であり、村社は柏倉村の愛宕神社であった。琴平神社は鞍掛山頂に鎮座し、明治初期、門前には60軒を超す旅宿や茶店が並び、一大歓楽街をなしており、神道国教化を進める状況のなかで郷村社に指定することには問題があった。豊かな財政に着目した栃木県は県社祠官小村隣に祠官を兼任させ、郷社格とすることでこの矛盾を解決した。琴平神社には愛宕神社祠掌古橋義長やお雇い神官が在勤し庶務を担当した。境内には中教院出張所や栃木警察署派出交番所が置かれていた。琴平神社が村社に昇格したのは大正元年に村社愛宕神社を合祀したことによる。

も廃止されたので、神官は公的身分を失った。神官の民費負担の義務化がなくなると、八年五月、教部省は神官の選出を氏子に任せ、氏子惣代と小区内の神官二人以上が地方庁に推薦し、地方庁が任命することに改めた。先祖代々奉仕してきた神社に復帰する道が開かれたのである。

神官は祭祀、祈祷、教導、社殿の維持管理、葬祭を職務とし、短期間ではあるが氏子調べを担当した。明治四年四月、戸籍法が公布されて近世の宗門改め、寺請制度が廃止された。戸籍事務遂行のために設けたのが大区・小区である。区の規模は府県の裁量に一任されたが、栃木県は管轄域の変更や宇都宮県の合併があり、その都度、区画の改定を行っている。概ね一〇か町村を一小区とし、各小区に戸長・副戸長、町村単位に用掛を任命した。七月、「氏子取調規則」が制定されると、新生児は戸長の証書を持って産土《うぶすな》神社に持参して守札を受け、死亡すると守札を神社に返すことになり、神官は戸長や用掛と協力して戸籍の管理にあたった。ところが、行政経験のない神官に氏子調べを行わせることは現実的な政策とはいえず、明治六年七月に中止された。

明治六年五月、栃木県は一小区に一郷社、一村に一村社の原則で社格を確定し、社名と祠官・祠掌の名簿を教部省に提出した。このときに確定した第一大区の郷社と祠官は表のとおりである。一大区一小区は県社神明神社（旭町）が郷社を兼ねた。三小区の郷社格の琴平神社は門前に多くの茶店や遊郭があって裕福であったが風紀上問題があったので、栃木県は境内に中教院の出張所を置いて説教するなど態勢を整え、県社神明神社祠官の小村隣を祠官に任じて管理させた。琴平神社は中教院や神武神社の建設費など多額の献金を行い、県の期待に応えた。このほか、市域の八大区四小区は住吉神社（藤岡町冨吉）、八大区五小区は大前神社（藤岡町大前）、八大区七小区は村檜神社（岩舟町小野寺）が郷社となった。

『神社明細帳』に載せる栃木市域の県郷村社の総数は一三九社である。明治初期の町村数は一五七なので、村社のない村が一八あることになる。たとえば、西方郷一四か村は近世からの郷村鎮守で大沢田村（西方町本郷）鎮座の近津神社を信仰し、明治以降も一三村が近津神社の氏子になることを望み、郷内の他の神社は無格社となった（同じ小区の富張村は村内の三宮神社を村社として近津神社の氏子から離脱したが、理由は不詳である）。村社は郷社と違い氏子調べの機関ではないので、村社のあるなしは県には大きな問題ではなく、村社は村の事情を考慮して置かれたり、置かれなかったりしたのであろう。神官は一小区に二人が原則であり、郷社に祠官・祠掌の二人が配され、郷社の祠掌が小区内の村社祠掌を兼ねるのが原則であった。郷村社神官の月俸は当初は民費負担であり、人民の負担を考えると神官の数は少ないほどよいというのが国や県の考えであった。

氏子調べは短期間で中止されたが郷社定則は継続されたので、氏子や社格制度は終戦まで続いて定着した。教部省は氏子調べを廃止すると、一小区一郷社でなくてもよいと方針転換したが、栃木県はしばらくの間、一小区一郷社の基本姿勢を維持した。明治六年六月に宇都宮県が合併され管轄域が拡大して一三大区一一四小区となると、一一四の県郷社を置いた。九年九月、上野国の三郡を群馬県に編入すると、栃木県は四大区四六小区に区画を改定した。翌十年八月、県は一小区一郷社を原則に大幅な社格の見直しを実施し、多数の郷社が村社に降格された。市域では諏訪神社（大平町真弓。明治二十八年十二月、再び郷社となる）・琴平神社（柏倉町）・春日神社（大久保町）・八幡神社（都賀町木）・住吉神社（藤岡町富吉）の五社が郷社から村社に社格変更された。その一方で、太平山神社（平井町）や東宮神社（皆川城内町）が村社から郷社に昇格している。

(3) 錦着山護国神社の創建

錦着山護国神社

慶応四年(一八六八)五月、新政府は太政官布告で「癸丑《きちゆう》」(一八五三年のペリー来航)以来の国事殉難者の忠魂を慰めるため、京都の東山に招魂社を建立することを命じた。翌明治二年、東京遷都によって東京九段下に東京招魂社が創建され、その後、内戦や対外戦争の戦死者を合祀した。東京招魂社は明治十二年六月、明治天皇の聖旨により靖国神社と改称して別格官幣社となり、府県の招魂社に祀られていた戦没者も合祀された。全神社を内務省が管轄したのとは異なり、靖国神社は陸軍省・海軍省の管轄のもとに置かれて国家的性格を持つ神社となり、伊勢神宮と並んで特別な位置づけがなされた。

栃木県で最初に創建された招魂社が黒羽招魂場(明治二年十二月。現黒羽神社)、次が宇都宮招魂社(明治六年一月。現栃木県護国神社)である。維持費や祭祀料は主に旧藩主が負担したので、廃藩置県以降、維持が困難になる招魂社もあった。事態を重くみた政府は六年十二月、官費を支給する方針を定め、府県に調査を命じた。この報告に基づき、八年十月、それまでばらばらであった社名を招魂社に統一し、修繕費・祭祀費用は国家が支給することにした。これが「官祭招魂社」である。その後も招魂社を創建する動きが絶えなかったので、政府の負担が増大することが予測された。そこで、政府は明治十年以降に創建される招魂社を「私祭招魂社」とし、営繕や祭祀費用は私費、敷地も課税の対象とした。わが国最初の私祭招魂社は明治十年十月に創建された大田原招魂社(現大田原護国神社)である。

栃木町の栃木招魂社は県令鍋島幹、大参事藤川為親、小参事柳川安尚らが発起人となり、朝野有志の醵金をもって、西南戦争の栃木県戦没者六五人の忠魂を慰めるため、箱森村(箱森町)の錦着山上に創建された。明治十一年十月に土工を起こし、十二年九月に社殿・社務所が竣工されて二十四日に祭典を執行した。十七年、県庁が宇都宮に移転すると、下都賀郡役所に管理が移管され、祭神も下都賀郡の戦死者とされた。間もなく栃木町に管理を移し、以来栃木町が祭典を執行した。昭和十四年三月、招魂社は内務省令によって護国神社と改称され、栃木招魂社は錦着山護国神社と改められた。

(4) 栃木県中教院の開設

明治政府は神道国教化政策が挫折すると、明治五年(一八七二)三月、新たに宣教を扱う役所として教部省を設置し、神道理念を基にした国民教化策へと転換した。神官のほかに僧侶や「有志之者」を無給の教導職に任用して教化の実績をあげようとしたのである。六年六月、東京に大教院、県庁所在地に中教院、各地に小教院を置いて神仏合同布教を行うことになった。大教院や中教院は造化三神《ぞうか》と天照大神を祀る神殿を設け、柏手《かしわで》をうって神拝するなど神道色が濃かったので仏教側の反発は強く、明治八年、太政官は神仏合同布教の廃止を教部省に命じ、大教院も廃止した。この失敗によって政府内には教部省不要論が台頭し、教部省は明治十年に廃止された。こうして、神道国教化に始まる明治初年以来の宗教政策は大きく転換したのである。明治十五年、神官は葬儀に関与することが禁止され(府県社以下の神官は「当分従前之通」とされた)、神官は祭祀や儀礼に専従することになった。神社から宗教としての機能を切り離した神社神道は、戦後のGHQによる神道指令までわが国の宗教政策の基本となった。「神道は宗教に非ず」という神道非宗教説にたつ国家神道体制である。

栃木県中教院(仮)は明治七年二月、太平山中の旧連祥院に開院した。国の指示で開院費や運営費は自弁と決められたので、費用は県域の神官・僧侶から徴収された。募金は経済的に苦しい神官の協力を得るのに苦労したが、仏教側は浄土真宗を除くと組織的に集金したので順調であった。開院費一、六一四円は神官が三九五円、僧侶が一、二一九円を集め、僧侶の募金が七五・五%を占めた。日光二荒《ふたらさん》山神社は別に開院費として四七〇円、「永続方法」の用途として毎年一〇〇円を納めることを約した。開院後の「中教院永続金」は、第一大区では、祠官・祠掌一四人が「年々壱割之利子を以、春秋二季に献納」する方法で、五二〇円を寄付することになった。

中教院の職務は教導職の養成と県域を巡回して人民に説教することである。中教院を統括する神道教導取締に戸田忠友少教正（日光二荒山神社宮司・元宇都宮藩主）・阿部浩中講義（同権宮司）、各宗取締に日野霊瑞権少教正（太田大光院住職）が就任し、小村隣権中講義（県社神明社祠官）が神道取締代理となった。中教院を事実上切盛りしたのは日光二荒山神社の神官と県社祠官小村隣である。戸田は毎日のように中教院に出仕しており、太平山には日光二荒山神社の禰宜・権禰宜・主典（二人）が中教院詰として交替で勤務した。

ところが、山中にある中教院は栃木町から出仕するには不便であったので、当初から臨時的な施設であり、新たに栃木町の県社神明神社の隣地に建設が進められた。施設が完成するまでの間、万町の田村良助邸を借用して仮事務所とした。ところが、工事の途中に神仏合同の教導活動が廃止されて大教院が解体されてしまった。神道教導職は新たな拠点として東京に神道事務局を開設し、府県は「適宜ノ地一ヶ所」に神道事務分局を設置して教導活動を続けることに

興学碑

なったので、栃木県は建設中の栃木県中教院を栃木県神道事務分局とした。

分局の講堂（中教院）・事務局・学寮の建設費が神官の負担によることは変わらず、県庁所在地の第一大区の神官二三人は三年間の分割で五三八円を拠出することにした。その後も献金者は増加したが、滞納する神官もいて問題になるなか、柏倉村の琴平神社が講堂新築費一、〇〇〇円を献金し、平井村の村社太平山神社が杉・檜材、下稲葉村（下都賀郡壬生町）の郷社鹿島神社が欅材、真弓村（大平町真弓）の郷社諏訪神社が石材を寄進した。また、栃木町の豪商善野喜平（釜喜）・望月磯平（古久磯）らが中心となって募金を行い、その額は一万余円に達したという。また、実行・禊《みそぎ》教の社員や栃木町民が整地作業に奉仕するなど多くの協力があった。八年十一月二十六日の上棟祭には、県の関係者や神道教導職六〇〇余人が臨席し盛会であり、扶桑教会長大講義宍野半が会員を率いて参列して大和舞を奉献した。開院式には神宮教会が大講義一色氏隆を派して神楽を奏上した。初代分局長には戸田忠友中教正が就任した。

明治十五年一月、内務省達で神官の教導職兼帯が廃止され、布教活動に関与することが禁止されると、栃木県神道事務分局（栃木中教院）は閉鎖され、県域の神官養成は皇典講究所分所に継承された。分局の土地と建物は県社神明神社に寄附された。これを機に、祠官石川久三と栃木町の有力者は神明神社本殿の新築を計画し、十六年十月十六日に竣工した。拝殿は神道事務分局の講堂が利用された。現在、神明宮に配祀されている造化三神は中教院の神殿に祀られていたものである。神明宮境内には大正四年（一九一五）に建立された『興学碑』があり、栃木県中教院・神道事務分局の歴史や関係者の氏名が刻されている。

(5) 神社整理と神饌幣帛料供進指定神社

明治三十八年（一九〇五）の全国の神社数は一九万二、三六六社、栃木県は六、〇七八社である。神社の多くは無格社であり、路傍にあるような小祠も少なくなかった。こうした小祠も町村が神社として府県に届け出れば無格社として神社明細帳に登録され、自動的に公的性格が与えられたのである。旧都賀町一一か村の神社数は、家中村の二三社が最大であり、最少は大橋村の一社、升塚村も二社に過ぎない。『下都賀郡神社明細帳』によれば、家中村の村社鷲宮神社は氏子が三六九戸、施設は本殿（一間×一間）・拝殿（四間三尺×二間）・神楽殿（二間×三間）である。無格社で拝殿があったのは、磐裂根裂神社（信徒七〇戸）・猿田彦神社（信徒五二二戸）・八幡宮（信徒三八戸）・住吉神社（信徒二六戸）の四社のみで、多くは一尺×一尺ほどの木製か石製の小さな祠であり、信徒（氏子）も数戸に過ぎないような神社もあった。

日露戦争が始まり、多くの戦死者が出ると、神社は戦勝祈願の場となり、国民との結びつきを強めていった。その一方で、「神社の体裁備はらず、神職の常置なく、祭祀行はれず、崇敬の実挙らざる」現状を問題視した内務省は明治三十九年、こうした神社を廃して国家の宗祀に相応しいように、あるべき姿にして敬神の実を挙げさせようとした。その目的達成のために数年かけて実施したのが「神社整理」である。神社整理とは既存の神社を廃止して他の神社に合併するもので、「合祀《ごうし》」ともいう。具体的には、ある神社の祭神を他神社に遷して祀り、元の神社の社殿を消失させ、社地も処分して神社明細帳から抹消することである。内務省が考える理想は行政町村ごとに村社を一社、無格社は旧村（大字）に数社に整理し、神社の位置づけを明確にしようというものであった。しかし運用は強制的ではなく、府知事・県令に一任したので府県によって実績に差異が生じたのである。三重県や和歌山県では九割近い神社が廃止され、民俗学者の南方熊楠《みなかたくまぐす》の反対運動はよく知られている。栃木県は明治三十八年の六、〇七八社を指数一〇〇とすると、四十年が九二（五、五八六社）、大正元年が六七（四、〇四二社）、神社整理がほぼ終息した大正六年が五六（三、四九五社）となり、一二年間で約四四％の神社が整理されている。残存率五六％は全国平均六一％と大差はなく、栃木県が神社整理を強行したとまではいえず微温的であった。

現在の栃木市域は明治二十一年（一八八八）公布の町村制で一町一九村に再編成された。この地における整理前の神社数は六四五社であったが、三三二社が整理され、三一三社に減少した。すべての町村が整理を実行し、約四九％の残存率は栃木県全体の数字と変わらない。整理対象となった神社はほとんどが無格社であったが、村社を整理したのが国府村である。国《こ》府《う》村は明治二十二年、国府・惣社・柳原・大光寺・田・寄居・大塚（明治九年、癸生《けぶ》村を合併）の七村が合併して成立した。旧国府村と田村は村内に村社を持たず惣社村に鎮座する大神神社の氏子であり、村内に村社があったのは、寄居村（星宮神社）・大光寺村（神明宮）・柳原村（桜木神社）・大塚村（愛宕神社）・癸生村（神明宮）の五村であった。国府村が本格的に神社整理に取り組んだのは大正三、四年である。明治四十三年、栃木県は神社の基準（基本財産）を設定して再度の神社整理を市郡長に通牒しており、県域では明治末から大正の始めに再び神社整理が盛んに行われた時期である。旧惣社村にある大神神社は明治四十年に神饌幣帛料《しんせんへいはくりょう》供進《きょうしん》指定神社、四十四年年九月に郷社から県社に昇格しており、国府村が神社整理を積極的に取り組んだのはそこに理由があるのかもしれない。大正三年に大光寺村の村社一社と無格社三社の四社、翌四年に柳原村の村社一社と境内社一社を大神神社の境内社新宮神社に合祀したので、大神神社は氏子域と氏子数が拡大した。大塚村には愛宕神社と旧癸生村に鎮座する神明宮の村社二社があったが、大正四年、神明宮を愛宕神社に合祀した。このときに癸生村の無格社六社も同時に愛宕神社に合祀している。この結果、大光寺村・柳原村・旧癸生村は村内に神社が存在しないことになったので、戦後、大光寺村と柳原村は旧村社の神明神社と桜木神社を新宮神社から分祀し、旧癸生村でも旧無格社浅間神社を愛宕神社から分祀して、今日にいたるまで祭典を続けている。

内務省は府県に対し神社整理を推奨する一方、神社の社殿や境内の整備、氏子組織の充実を図るため、府県の定めた基準を満たし、府県から認可申請のあった神社には、その神社の例祭（のちに祈年祭・新嘗祭が加わる）に公費から神饌幣帛料を供進することにした。このときに定められた神饌幣帛料は府県社一〇円（神饌料三円、幣帛料七円）、郷社七円（神饌料二円、幣帛料五円）、村社五円（神饌料一円、幣帛料四円）である。これによって、神社は官社（官幣社・国幣社）・供進指定神社・供進外神社という新たな枠組みが設定されることになった。

栃木県では明治四十年から順次、供進神社を指定した。四十二年一月時点の栃木県の指定社は県社七社のうち六社、郷社五一社のうち二六社、村社一、一一五社のうち一五七社であり、県郷村社の一六％が指定された。その後も供進神社は増加し、敗戦後もＧＨＱの神道指令が出される直前の昭和二十年十一月まで指定がなされ、最終的に四一四社が指定された。この数字は県郷村社一、一二七社の三七％である。栃木市域は県郷村社一五八社のうち三六社である。

(6) 戦後の神社

明治維新で神社は大きな変貌を遂げた。神社から仏教的要素が一掃され、人びとの信仰の対象であった神社の幾つもが消滅した。生き残った神社も明治四十年代から大正期に行われた神社整理によって多数が消滅した。戦前に作成された最後の『大日本帝国統計年鑑』(昭和十三年)によれば、栃木県域の神社数は三、三〇七社(国幣中社二、別格官幣社二、県社一一、郷社四九、村社一、〇六三、無格社二、一八〇)である。太平洋戦争が終わると、県内神社の多くは神社本庁の地方組織である栃木県神社庁に所属した。昭和二十四年の神社庁所属神社は二、〇七二社であり、他に単立神社が二七社あった。戦争を挟んで三、三〇七社が二、〇九九社と一、二〇八社、四〇%近く減少したことになる。その後は昭和二十五年に二、〇三八社、二十六年に二、〇四五社、二十七年に一、九三〇社、二十八年に一、九三一社、二十九年に一、九一五社となり、以降はほぼ落ち着き、平成二十八年の栃木神社庁所属神社数は一、九一九社である。これらの減少神社は戦前と異なり、合祀ではなく廃社が多いのが特徴である。現在、栃木市の県神社庁所属神社数は二二六社である。昭和十六年の神社数は二九八社であったので、戦中・戦後の混乱期のなかで七二社も減少したことになる。これらの神社は公的には存在しないことになったが、たとえば尻内町の駒野神社・星宮神社が現在まで地区住民によって祭礼が続けられているように、実際は住民によって祭祀されているケースが少なくないのである。

戦中の神社は国威発揚、戦勝祈願の場として国策の道具となり、神職も戦争に加担させられた。敗戦で神社はGHQによって特権の悉くを廃止され、宗教法人としてのみ存続が認められた。戦後の政治的・経済的混乱や国家神道を担った神社に対する厳しい世論もあって、神社を維持することが困難であったことを上記の数字は明らかにしている。県域では県郷社の全部、村社のほとんどが存続する一方、多くの無格社が廃社となっている。皮肉にも政府が明治末に推進した神社整理は敗戦を経験して前進したが、その一方で、かつては人びとの心の拠り所であった神社信仰が減退する結果を招いたのである。

五、自由民権運動と栃木町

(1) 栃木町の自由民権運動

自由民権運動は国会開設を目標として行われた政治活動である。運動の担い手は最初は政府に不満を持つ士族層が中心であったが、やがて都市の知識人や豪農・豪商層に移っていく。栃木県の民権運動は全国的にはやや遅れて出発したが、明治十三年（一八八〇）に最高潮に達した。活動の中心となったのは、宇都宮藩士族を中心とした宇都宮団結会、田中正造の安蘇結合会、吹上村（吹上町）の新井章吾・塩田奥造らのグループである。彼らの多くは県会議員や戸長といった地域の名望家で豪農である。彼らは各地で演説会を開き、国会開設の必要性を国民に訴えた。栃木地方では新井と塩田が中心となり、五月に郷里の吹上村正仙寺で初めての演説会（教育勧業演説会）を開催し、以来、県庁所在地の栃木町でも盛んに演説会を開いた。吹上村の隣村宮村（宮町）でも戸長の増茂周造が有志五〇余人を集めて民盟社を結成し、宝蔵院を集会所として活動した。

やがて、彼らが中心となって県内運動を統一しようとする動きが表面化した。同年八月、安蘇・芳賀・下都賀・河内の四郡から九二人の代表が参加して、栃木町の神道中教院で下毛《しもつけ》結合会を結成する集会がもたれたが、意見がまとまらずに失敗した。以後、民権運動は一本化されることなく、各地に多くの結社が作られて独自の活動を展開していった。

その中心的存在のひとつが新井・塩田の結成した囂々社《ごうごうしゃ》である。本社（仮）は吹上村の正仙寺に置かれ、県庁所在地の栃木町でも東京から弁士を招いた演説会を開催した。以来、下都賀郡は県下民権運動の中心となった。明治十五年十月、新井・塩田らによって栃木自由党が結成されると、栃木県の党員数は全国第二位の二七三人（明治十七年）を数えた。とくに吹上村は栃木県で最も党員が多く、栃木町も多かったが多くは代言人（弁護士）であり、他県出身の寄留者である。そのひとり榊原経武はのちに初代の栃木市長となった。

田中正造が結成した安蘇結合会（→中節社）も県下有数の民権結社であり、下都賀郡に第二中節社、梁田郡に梁田中節社を組織して運動を拡大した。田中は大隈重信の改進党に入党したので安蘇郡は改進党の地盤となり、党員数二〇四人（明治十九年）は全国最大であった。上都賀郡でも十四年、口粟野村（鹿沼市）の豪農横尾輝吉を会長、元村（西方町元）の三澤七郎平・鮎田祐次郎を副会長にして都賀演説会が成立し、元村の実相寺で演説会を開くなど活発に活動した。横尾・三澤・鮎田らは改進党に入党したので、この地域は改進党の党員が多かった。

(2) 加波山事件

栃木県庁の開庁式は明治十七年九月に予定されていたが、民権派の不穏な動きがあって延期された。この頃、福島事件で三島への憎悪を募らせていた福島自由党員は三島殺害を画策し、栃木民権派との連携強化を図っていた。これに応えた自由党の鯉沼九八郎《くはちろう》は県庁開庁式に列席する政府要人や三島を暗殺すべく、爆裂弾（手榴弾）製造に専念していた。五月、鯉沼は栃木自由党の有力者らを太平山に招いて会合したが、賛同を得られなかった。最も期待していた田中正造は、挙兵主義を主張して鯉沼の暗殺計画に反対した。鯉沼が信を置いた富張村（都賀町富張）の大橋源三郎は居宅を会合の場所に提供し、爆裂弾

杉浦吉副の墓

の実験に同行するなど協力してきたが、九月、鯉沼が下稲葉村（下都賀郡壬生町）の自宅で爆裂弾製造中に大怪我をして入院すると、鯉沼らと距離を置くようになった。

鯉沼宅に居住して爆裂弾の製造を手伝っていた九人の同志は計画の発覚を恐れ、富松正安《とまつまさやす》を頼って茨城県下館町（筑西市）に逃れた。富松は研修道場「有為館」を開設して自由党員を育成しており、彼らを受け入れて爆裂弾製造に協力したが、官憲の急襲を事前に察知し、一五人の同志とともに加波山に逃走した。ところが、警察署の手入れがあるとの報に接すると下山を始め、思い思い各地に散ったが、間もなく全員が逮捕された。多くの関係者が拘引され、その数は三〇〇人を超えたが、多くは間もなく釈放された。その中には田中正造も含まれていた。

裁判では、彼らの意に反して国事犯（政治犯）ではなく常事犯（一般の犯罪）として重罪裁判所で強盗殺人犯として裁かれ、死刑か無期徒刑となった。また、鯉沼九八郎には有期徒刑一五年、大橋源三郎に九年の判決がだされた。死刑判決の杉浦吉副《よしつぐ》（元相馬藩士）は栃木町で刑が執行されたので、満福寺（旭町）に葬られた。大橋源三郎は栃木で服役したが、明治二十五年十月に獄死した。長福寺（都賀町富張）に「大橋源三郎之墓」と刻した記念碑が建っている。

この事件に栃木町から直接加担した者はいなかったが、首謀者のひとり富松正安は一時栃木町の栃木県師範学校の教員であったので、卒業生の舘野芳之助（鯉沼九八郎と爆裂弾の実験中に片腕を失っている）と岩崎万次郎（後に衆議院議員・自由党員）が関連を疑われ、数か月間投獄された。二人は大阪事件でも逮捕されている。草創期の栃木県師範学校には後に言論界で活躍した久松義典が校長心得として在職していた（明治十五年五月辞職。後に立憲改進党員）。久松は新井・塩田が開いた演説会で弁士をつとめたこともあった。また、師範学校三等教諭（化学担当）福田定一郎は鯉沼の郷友岩本新吉に爆裂弾の製法を教授したといわれている。福田と加波山事件のかかわりは、事件前に福田が水難事故で死亡したこともあって明確ではないが、この事故も水雷火の実験中に起きたともいわれており、爆裂弾製造は福田の人脈でなされた可能性が大きい。栃木町は多くの代言人や知識人が寄留しており、民権活動に活発に取り組む者もいたので、栃木町にあった師範学校は革新の気風があったのである。

(3) 民権運動のその後

加波山事件に栃木自由党からの参加者はいなかった。この時期、自由党の新井章吾と塩田奥造は集会条例・官吏侮辱罪違犯などで拘引されており、塩田は十七年三月に免訴されたが、新井は十八年二月まで入獄した。入獄中の十七年十月には、加波山事件の過激な行動に危機感を抱いた板垣退助ら最高幹部は自由党を解党した。間もなく改進党も総理大隈重信・副総理河野《こうの》敏鎌《とがま》らが解党論を唱えて十二月に脱党した。こうして民権運動は大きく後退したのである。

自由党解散後も急進派の挙兵事件が相ついだ。明治十八年十一月に大井憲太郎らの起こした大阪事件は、海外に活路を見いだした特異な事件である。朝鮮半島で親日勢力独立党のクーデタが清国の介入で失敗すると（甲申事件）、有効な対応をたて得ない日本政府に国民の不満は高まる一方であった。こうした世論を背景に、大井らは自由党の失地回復を企図して朝鮮に義勇兵を派遣し、自らクーデタを実行しようとしたのである。この実行部隊の責任者となったのが新井章吾である。資金や爆裂弾の調達がうまくいかず離脱者も出たが、新井はそれでも計画を実行しようとして渡韓のため長崎に向かい、発覚して長崎警察に逮捕された。翌年七月、名古屋重罪裁判所において、外患罪及び爆発物取締罰則違反の罪で重懲役九年に処せられた。

明治二十二年二月に大日本帝国憲法が発布されると、新井は特赦令に基づき大赦された。翌年七月に行われた第一回衆議院議員選挙において、新井は第二区（上・下都賀郡、定員二人）に再興自由党より立候補して当選した。このときの衆議院議員の選挙権は直接国税一五円以上を納めた二五歳以上の男子であり、有資格者は一〇、八一一人で人口比では一・六三％の制限選挙であった。

当選者は横堀三子（一区・中立）・新井章吾（二区・自由党）・岩崎万次郎（二区・自由党）・田中正造（三区・立憲改進党）・塩田奥造（四区・愛国公党）の五人である。三島県令から「下野の三馬鹿」と揶揄され、敵視された田中・新井・塩田の三人は揃って当選した。田中正造は六期九連続当選したが（立憲改進党→進歩党→憲政本党）、足尾鉱毒事件に取り組むため三十四年十月に辞職した。新井章吾も六期一三年（自由党→同志倶楽部→憲政党）在職したが、第七回・八回総選挙で落選した。第九回総選挙で当選したものの在職中の明治三十九年十月に死去した。塩田奥造（愛国公党→自由党）は三期連続当選したが、日清戦争下の第四回総選挙（明治二十七年）で落選すると、政界を引退して実業界に転身して活躍した。

六、足尾鉱毒事件と谷中村

足尾鉱毒事件は公害の原点とされる。明治二十三年（一八九〇）十二月、足利郡吾妻村（佐野市）が栃木県知事に鉱毒による被害の実情を述べ、銅山の停止を訴え「一個人営業の為め社会公益を害する者」と上申したのが「公害」の語を用いた早い事例であろう。誰しもが、足尾鉱毒事件と言えば田中正造を思い浮かべるが、近年は水利問題、洪水対策に焦点をあてた研究がなされ、足尾鉱毒事件の見方に一石を投じている。

(1) 田中正造と自由民権運動

田中正造は若くして安蘇郡小中村（佐野市）の旗本六角家領の名主をつとめ、代官の不正をめぐり六角家と対立した。戊辰戦争の混乱期に捕縛され、江戸屋敷の牢に監禁されたが、明治二年（一八六九）初めに釈放された。その後、江刺県（秋田県の一部）の下級官吏になったが、上司を殺害したとの冤罪《えんざい》で明治七年四月まで三年間獄中にあった。

小中村に帰った正造は民権家として活動する。明治十二年八月、栃木町で栃木新聞（のちの下野新聞）が再刊されると、正造は編集長として参加し国会開設の主張を展開して、徐々に存在感を高めていった。正造は十三年二月の栃木県会議員の補欠選挙で当選すると、十年間議員をつとめた。また同年に地元を中心にして安蘇結合会（→中節社）を創設し、安蘇郡民権運動の中心となった。栃木県は自由党の勢力が強かったが、正造が改進党に入党したので安蘇郡は改進党の牙城となった。自由党が加波山事件などで逮捕者が相つぐと、県議会は改進党が優勢となり、正造は県会議長になった。議員在職中、正造が県令三嶋通庸と厳しく対立したことはよく知られている。明治二十三年に国会が開設されると、正造は第三区（定数一、安蘇・足利・梁田の三郡）から立候補して当選し、衆議院議員になった。その後も当選を重ね、足尾問題に専念するため三十四年十月に辞職するまで六期九年間在職した。

(2) 足尾鉱毒事件と田中正造

足尾銅山は江戸初期に発見されて以来江戸幕府が直轄し、ピーク時には二五〇万斤（一、五〇〇トン）の産銅があったが徐々に衰退して幕末には閉山状態になった。明治十年（一八七七）、古河市兵衛《ふるかわいちべえ》が購入して経営に着手すると、有望鉱脈が発見されて日本を代表する銅山に成長した。その一方、製錬用薪炭材の需要増加によって足尾山地の樹木が乱伐され、山地の荒廃が進んだ。その結果、山地を水源とする渡良瀬川が洪水に見舞われ、その都度、製錬による廃棄物が流出して水質・土壌を汚染した。

明治二十九年夏には二度に及ぶ大洪水があり、鉱毒問題は深刻化していった。これを機に鉱業停止運動が激化し、渡良瀬川周辺の被害農民が上京して被害の惨状を訴え、鉱業停止を求める実力行動となった。明治三十年（一八九七）三月の歩行による第一回の「東京押出し」は、官憲の阻止を突破して総代を上京させることはできたが、政府要人との面会は果たせなかった。政府も鉱毒被害の実情は理解しており、榎本武揚《たけあき》農商務大臣が現地視察を行い、神鞭知常《こうむちともつね》法制局長官を委員長とする足尾銅山鉱毒調査会を設置した。しかし、政府の決定は鉱業の停止までは踏み込まず、被害地の回復もないなど不満足なものであった。その後も洪水被害が続き、農民側の要求は鉱業停止要望から損害補償、土地回復、堤防増築、被害民救済へと変化する。

明治三十三年二月、四回目の東京押出しが行われた。田中正造の指示で、日程も国会開催中に行うなど、周到な準備をして実施された。青年を中心に組織した鉱毒議会を先鋒隊とし、事務所のあった雲龍寺（群馬県館林市）で「鉱毒施餓鬼《せがき》」と名付けた鉱毒死者の供養会を行い、死者の怨念をはらすという名分を与えた。そして、代表の上京と請願の結果次第によっては「大挙上京」を行うことを決議した。こうして二月十三日、二、五〇〇人余が東京に押し出した。危機感をもった官憲側はそれを阻止すべく警官を派遣したので、渡良瀬川の河畔佐貫村川俣（群馬県邑楽郡明和町）で衝突し、一〇〇人を超える指導者が「凶徒聚衆罪」などで逮捕された。起訴された者は六八人であり、栃木県が三〇人、群馬県が三五人、埼玉県が一人である（赤麻沼のある藤岡地区は赤麻村一人、谷中村一人と少ない）。この頃の運動の主体は渡良瀬川中流域の群馬や足利地方の農民であった。

事件のあった十三日、田中は衆議院に質問書を提出し、その趣旨説明において内務省や警察の処置を激しく攻撃して怒りを露わにした。とくに十七日の「亡国に至るを知らざれば之れ即ち亡国の儀につき質問書」を提出したが、この趣旨説明の演説は後世、名演説とされた。各新聞も事件を詳細に報道しており、被害農民に好意的な論調が多かった。

しかし、この弾圧によって反対闘争は大きく退潮する。鉱毒を問題視する田中と洪水防止を第一とする流域の村々の意識は乖離し、以後、同一行動は望むべくもなかった。絶望した田中は天皇に直訴するという行為で社会に衝撃を与え、世論の沸騰を期待することを計画した。衆議院議員を辞した田中は、三十四年十二月十日、議会の開院式に臨席する天皇の馬車に直訴（直訴状原案は幸徳秋水が作成し、田中が加除訂正）を企てたが、警備の近衛騎兵によって遮られて失敗した。この行動は田中の目論見通り世論を高揚させ、鉱毒問題は大きな関心事となった。放置してきた政府、栃木・群馬両県知事や古河市兵衛への批判の声は日ごとに増大した。このため政府は第二次鉱毒調査委員会を設置し、被害の実情について本格的調査を実施した。

(3) 栃木県の治水対策と谷中村の廃村

谷中村は明治二十一年（一八八八）に公布された町村制で下宮・恵下野・内野三村が合併して成立した。近世には谷中郷と呼ばれ、八か村からなり、全村が古河藩領であった。近世の史料には「水損に付御免」（年貢免除）との記載がみられ、年貢率も他村に較べて低く、水害で収穫が一定しない不安定な土地が多かった。谷中村は北に赤麻沼・赤渋村・石川沼があり、東は与良川を合した巴波川が思川に合流して水量を増していた。さらに南と西は谷中村に接するように渡良瀬川が東流していた。三方を三里半（一四キロ）の堤防に囲まれた堤内村であり、数年に一度という堤防決壊がある典型的な水害地帯である。堤内の排水は思川や渡良瀬川から利根川に流出した。下流の渡良瀬川は度重なる洪水で大量の土砂が流出して河床が高くなっており、利根川はさらに高くなっていた。しかも河川は勾配が緩やかなので、利根川が増水すると逆流し、谷中村や思川下流域の村は堤防が決壊して長期間にわたり滞水した。この地域は今でも水塚《みづか》と呼ばれる避難施設を残す家がある。宅地の一隅に盛土をして、その上に蔵を築き水が引くまで生活をした跡である。また軒先に避難用の揚舟を吊るした家も多かった。

こうした村は鉱毒問題以上に、堤防の増改築に関心が高かったのである。栃木県も水害の問題は理解しており、放水路や堤防構築に取り組もうとしたが、下流域の埼玉・茨城両県は水量が増大して洪水の危険が大きくなると計画に反対したので、実行されなかった。第四回東京押出しの時の請願は「河身大改復実行」「衛生保護」「村費欠額補助」の三点であり、渡良瀬川改修の着工を第一に掲げ、以後、鉱業停止要求は下火になっていく。

こうした状況下、明治三十五年八月～九月、渡良瀬川は三度の洪水に見舞われた。とくに九月二十八日の足尾台風と呼ばれた大暴風雨は関東を直撃し、渡良瀬川や思川沿岸一帯に深刻な被害を与え、谷中村は壊滅的な打撃を受けた。栃木県はこれを機会に谷中村を廃村にし、ここに調整池を造る計画を県会に提案した（埼玉県でも利嶋・川辺両村の遊水池案があったが、村民の反対で断念した）。明治三十六年三月、政府の第二次鉱毒調査委員会は「足尾銅山に関する調査報告書」を桂太郎総理大臣に提出して、渡良瀬川下流に遊水池を造るのが適当であると結論づけた。国と県の意向が一致したのである。さらに翌年二月に国運を賭けた日露戦争が始まると、谷中村問題は顧みられなくなった。危機感をもった田中正造は、谷中村問題に専念するため七月、みずから谷中村に居を移した。

だが田中の努力は実らず、三十七年十二月の通常県会秘密会において、治水堤防費を名目にした谷中村の買収予算案が可決された。そして、翌年から買収の実務に着手し、三月、栃木県は告諭第二号を出して瀦水池《ちよすいち》設置のため村民の移住を命じた。三十九年五月、「下都賀郡谷中村を廃し其区域を同郡藤岡町に合併し、本年七月一日より施行す」との栃木県告示を出し、谷中村の廃村を決めた。翌年六月には在留民（堤内一六戸、堤外三戸）に対する強制執行が行われ、谷中村は藤岡町に併合され名実ともに消滅した。

現在、渡良瀬（赤麻）遊水地は水鳥の飛来地や湿生植物の生息地として知られ、平成二十四年（二〇一二）にラムサール条約の登録湿地となった。地内の谷中村史跡保全ゾーンには旧谷中村役場・雷電神社・延命院の跡地があり、往時を偲ぶことができる。近くの藤岡町藤岡には

旧谷中村延命院跡

田中霊祠

田中正造を祀る田中霊祠がある。大正二年（一九一三）九月四日、正造が亡くなるとその遺志で分骨され、一部は谷中村高沙の堤内にある嶋田熊吉邸に石祠を建てて埋葬された。大正五年、廃村となった堤内に居住していた残留民も強制的に退去され、霊祠も現在地に移転された。

七、明治時代前期の教育機関

(1) 府藩県三治制下の教育機関

廃藩置県以前のわが国には、国家制度としての教育機関は整備されていなかった。江戸後期から明治初期にかけて、諸藩は家中の子弟教育のために藩校を設立したが、廃藩置県で廃校になった。栃木市域では、吹上藩が明治二年（一八六九）に設立した藩校学聚館（教官三人）があった。栃木県の民権運動を指導した新井章吾・塩田奥造が学んだことでも知られている。日光県（→旧栃木県）は旧幕府領・旗本領・日光山領を支配して成立したが、明治二年六月、旧幕府の日光学問所を再興し、入学者は二五〇余人に達したという。日光県の計画では、これを「日光県校」と名付け、校舎を「手広之虚院」（輪王寺の旧坊唯心院）に移転・拡充して、費用として県特産である朝鮮種人参の益金の一部二、〇〇〇両を充てることを弁官に願い出た。四年一月、太政官は学校設立の計画は承認したが、費用については有志の寄附によるほかは、「一ヶ年壱万石に付現米壱石五斗宛」の官費使用を認めただけである。一月十六日に開校式を行ったが、県庁の栃木町移転計画によって十二月二十四日に閉校した。

学制が公布される以前の子弟教育のために設立された民間の学校で代表的なものに、都賀郡大前村（藤岡町大前）の脩身館《しゆうしんかん》がある。明治二年二月に大前村の農山士家左傳《やましげさへい》が同志数人と協議し、廃寺を利用して設立した。教師に藤岡町の森保定（昌平黌教授安積艮斎《あさかごんさい》の門弟）を招き、漢学が講義された。四月からは佐倉藩主堀田氏の命で同藩士族八木弘二郎が月に一回巡回して監督した。十二月、佐倉藩はその挙を嘉して「校則」を送付した。それによれば、束脩金（入学金）が金一分、年謝二分、困窮生は免除とされた。三年十月に森が教師を辞すと、後任に水戸藩士族会沢正名、ついで薩摩藩士族寺田丹堂→古河藩士族遠山静蔵が相ついで就任した。廃藩置県により五年一月に大前村は旧栃木県の管轄となり、二月に県の認可を得て授業を続けたが、六年七月、学制施行によって閉校となった。それまでに脩身館が積立てた資金が三六六円、寄附された学田は二町一段一畝一九歩である。九月に学制に基づく大前学校（大前舎）として再発足した。

(2) 学制の実施と近代学校の設立

尋常小学校の開設

明治五年(一八七二)八月、政府は国民皆学をめざして学制を頒布《はんぷ》した。旧栃木県は同月に大属渡部邁・少属白石磨を学務専任に任命して文部省の具体的指示を待った。九月には栃木町が独自の計画を立て学校設立願を提出している。十一月、文部省は小学校普及のため人口一人あたり九厘の計算で委託金を府県に交付することを通達した。旧栃木県は三、四六九円八〇銭六厘、宇都宮県は二、〇五五円八七銭九厘である。この委託金の交付は中学区・小学区の設定と学区取締の設置を前提としていたので、各府県は最初にこの問題に取り組むことにした。

学制は全国を八大学区(明治七年、七大学区に変更)に区分し、旧栃木県と宇都宮県は第一大学区に編入された。大学区はさらに中学区・小学区に分けられ、中・小学区の取締りは府県の責任とされた。宇都宮県を合併する前の栃木県は三中学区と六一六小学区に区分され、中学区の本部を栃木・足利・太田(群馬県太田市)に置いた。中学区には学区取締が置かれ、担当区内の就学の督励、小学校の設立、経費など学事全般を担当した。旧栃木県は一中学区に六人、合計一八人を任命し、栃木町と周辺の学区取締には栃木町用掛の高田俊貞が任命された。明治六年六月、旧栃木県と宇都宮県が合併すると、五中学区と九四五小学区に再編成された。

学制では学校の設立と諸経費は小学区内人民が負担することになっており、明治五年十月、旧栃木県は生活に苦しむ県民の負担を考慮し、学校起立や維持資金確保のために寄附金制度を創設した。この方式は全県民から「毎戸資産の貧富に応じ」て寄附金を徴収し、寄附者と金額を簿冊に記載しておき、村用掛が年一割の利息を月割で取立てるというもので、「据置寄附」と称した。年限を定めない一方、元金を納める必要はなく寄附者の負債とされた。旧栃木県は「此法や賦課寄附の中を酌し、専ら当時の民心に適合せしむるもの」と自賛している。据置寄附金以外にも「即時現物（米・金・書器等の額）」を寄附することも奨励した。

明治六年になると、据置寄附金の徴収や個人寄附の動きも活発になる。二月には吹上県士族野瀬齊・佐々木鉄三・山岸金次郎が一か年限りの一二〇両（円）を寄附、栃木町の善野佐治平他一九〇人が五、〇〇〇円、五月には町内の定願寺・近龍寺・満福寺が合計二五円を寄附した。合戦場宿（都賀町合戦場）でも戸長の若林正一郎の母ウタが二〇両、十二月には西水代村（大平町西水代）の延命寺が一〇円を寄附している。また、現物寄附も相つぎ、西水代村の農田村篤之助が書籍二一部（代価金二二円六六銭）、片柳村（湊町）の白旗山勝泉寺が田二反九畝（代価八四円四一銭）を寄附するなど、小学校設立は徐々に軌道に乗っていった。

旧栃木県は六一六小学区一斉に小学校を設立するのは当面は困難と判断し、文部省督学局に伺い出たうえで、小学区よりも規模の大きな小区（戸籍区）に最低一小学校を設立する方針とした。一四六小区のなかには複数を開校するところもあり、六年末までに二五七校が開校した。

旧栃木県で最初に創立された小学校は六年五月に安蘇郡小屋町（佐野市）が天明宿の旧本陣に開校した小屋町学校（共和学舎）である。栃木市域では六月、近龍寺に開校した栃木学校（日《にっ》惜舎《せきしゃ》）が最初であり、同年中に三四校が開校している。

第一大区一小区（一〇村）では明治六年に栃木町に日惜学舎が設立され、沼和田村に沼和田学舎、片柳村に薗部村との共立で柳薗学舎、嘉右衛門新田村に箱之森・小平柳・大杉新田・平柳の五村が共立して志穀学舎が開校した。明治七年に栃木城内村が栃木町から分離して、静安学舎を新設した。明治八年、栃木町は生徒数が増加したので定願寺前に栃木南校を新築し、日惜学舎を栃木北校と改称した。明治十一年には両校を合併して栃木小学校と称した。

第一大区二小区（一三村）は区長・戸長・用掛ら村役人が明治六年五月に集会を開き、真弓・蔵井・上高島・下高島村で一校、横堀・仲仕上・北武井・牛久・樋ノ口村で一校、川連・下皆川・土与・平井村で一校を設立し、据置寄附金として三、〇〇〇円（石高割一、五〇〇円、戸数割一、五〇〇円）を集金することになった。牛久村は村一統の集会で、村独自に学校を設立して教員も村内の牛来寺《ごらいじ》に依頼する計画をたて、学区取締高田俊貞に陳情したが叶わなかった。牛久村に割り当てられた据置寄付金は一七九円七八銭である。村民三七人が二五両（円）から三分（七五銭）まで合計一七七円五〇銭を貧富を考慮して徴収し、寄附集金帳に調印した。こうして六月、咸亨学舎（真弓村）・開物学舎（横堀村）・育才舎（平井村）の三校が開校した。翌七年、下皆川村が分離して下皆川学校を開校、八年には下高島村が高島学校、牛久村が牛久学校、川連村が連與舎《れんよしや》、九年に樋ノ口村が樋口学舎を開校した。第一大区三小区（一二村）は七月、皆川城内村に皆川学校（明倫舎）を開校した。柏倉村・小野口村・志鳥村四か村の共立であり、大皆川村・野中村・千手村に第一分校・第二分校・第三分校を開校した。第一分校は大皆川・泉川・岩出の三村、第二分校は野中・新井・風野の三村、第三分校は千手村と宮村の共立である。

明治六年九月、学区取締押山常三郎は第一大区四小区（一〇村）に不如学舎（犬塚村）・自彊学舎（鍋山村）・自彊学舎の分校（梅沢村）の三校、五小区（一〇村）に明倫学舎（大柿村）・聿修学舎（木村）・明善学舎（吹上村）三校の開校願を栃木県学務掛に提出した。翌年、四小区では梅沢村が時新学舎として分離独立し、星野村は自彊学舎の分校を開設した。五小区でも川原田村が明善学舎の分校を開校した。このように、各村では通学の至便さや村同士の対抗心などから徐々に組合立から一村一校体制に移行していった。

宇都宮県を合併した後の栃木県の小学校数は明治七年が五〇六校、八年が六五八校、九年が五五三校（一〇五校の減少は上野国三郡を群馬県に編入したことによる）、十年が四八一校、十一年が四七三校、十二年が四八七校と推移している。栃木市域の小学校は、明治六年に三四校、七年に二三校、八年に一八校、九年に五校が開校した。明治九年の小学校数は統合や新設があり、七四校である。校舎は新築が二五校、寺院（借用）が二九校、廃寺（公用）が一三校、民家（借用）が七校である。校舎は新規創立が望ましいとされたが、政府は「先つ各所在来の寺観等を借用して容易開学をなす」ことを認めたので、皆川学校は廃寺となった照光寺を仮用し、吹上村の明善学舎も村内の善應寺に設置されたように、寺院の本堂や廃寺の施設が利用されたケースが多い。しかし、徐々に校舎を新築するようになる。例えば、尻内村の尻内学校は梓村との共立で、犬塚村の不如学舎の分校として村内の廃寺を借用して開校したが、七年八月に校舎新築願を提出し、翌八年に独立開校した。校舎は東西三間半、南北一〇間半の三四・五坪、一つの教場（二二・五坪）に教員住宅が併設されており、教員が二人、生徒が七〇人（男子四八人、女子二二人）である。明治十年の両村の学齢人口は一〇五人（男子五四人、女五一人）で、就学者は六六人（男子四五人、女子二一人）、就学率は六三％（男子八三％、女子四一％）である。

学制によれば、小学校は「教育の初級」であり、「人民一般必ず学ばずんばあるべからざるものとす」と定められていた。入学は一月・四月・七月・十月の四期である（現在の四月一日〜三月三十一日となったのは明治二十年からである）。小学校は上下二等に分かれ（上等小学四年、下等小学四年）、満六歳から一四歳の男女は必ず修学するものとしたが、当初は下等小学のみを開校した。下等小学は一学年を二期に分けて生徒の階級を八級とし、進級試験に合格すると順次昇級でき、最短で四年で卒業できた。同一の学年・級に属する生徒の年齢はまちまちであった。

就学率を見てみると、学制実施初年度の明治六年の全国平均就学率は二八・一％（男子三九・九％、女子一五・一％）である。男子の就学率が五〇％を超えたのが明治八年、六〇％に到達したのは十六年である。女子の就学率は九年に初めて二〇％に達し、三〇％を超えたのは十五年である。栃木県の場合、明治六年は二三・三％（男子三一・三％、女子一三・五％）と全国平均に及ばなかったが、翌七年に四一・九％（男子五九・三％、女子二二・六％）と全国平均を上回り、明治九年に五〇％となり、この年の男子就学率は六八％であった。当時は就学者であっても通学を止めたり、長期間欠席する生徒も多くいて、文部省は「日々出席生徒平均数」すなわち恒常的に出席する生徒の調査を命じた。栃木県の報告では、明治六年就学者の七四・四％、七年に六六・三％、八年に七〇・三％、九年に七二・〇％と七〇％前後であった。就学率が低かったのは、「受業料」（授業料）が受益者負担が基本であることや家族労働に依存する農業従事者にとって子供は貴重な労働力であったからである

とくに女子の就学率が低いのは、明治になっても男尊女卑の風潮が残っていたこと、授業料負担下での就学は男子が優先されやすかったこと、農村では炊事や子守など女子労働が重視されていたことなど、様々な要因が重なり合ってのことである。栃木県は文部省の要求する就学率向上には女子教育を振興する必要があると判断し、明治七年六月、女子小学を開設することを決め、七月、校舎の建設地を薗部村（入舟町）の県庁に接した東南の地と定めた。新校舎が完成すると、八年十月に校名を栃木女学校と名付け、満六歳より一四歳の女子一〇〇人、一四歳以上も別に二〇人の合計一二〇人の生徒を募集した。明治九年の生徒数は一四二人、教員数

は一〇人で全員女子である（栃木県小学校教員一、〇四〇人のうち女子教員は一一人に過ぎなかった）。本校は「当県下橡木町に於て一の女学校を設け、其軌範を以て漸次管下に普及せしめんとす」ることを目的に設立したモデル校であり、十年二月に校名を栃木模範女学校と改称した。他の小学校とは異なり、修学内容に手芸が加わっていた。

次に、教育財政を実施初年度の明治六年の収支から見ておこう（銭以下は切り捨てたので、項目の合計と総計は一致しない）。歳入が二万七、五八八円（生徒授業料一、七五四円、寄附金利子一万三、四九九円、学区内集金八、九五八円、委託金一、五〇〇円、諸入金一、八七四円）、歳出は三万二、一〇一円（教員給料七、八八八円、諸給料一、八七四円、営繕費六、八一五円、書籍器械費一万八三〇円、炭薪油費一、五九七円、諸雑費三、〇九六円）であり、四、五一四円の歳出超過であった。歳入のうち文部省からの扶助委託金は約五％に過ぎず、教育費（校舎の建築・修繕費や借賃、校地の購入・借賃、学区取締・教員・校掌の給与、器材の購入・修理費など）の九五％が民費である（委託金は明治十三年をもって廃止された）。収支が黒字に転じるのは明治九年からである。その理由は学区内集金（三万六、六九八円）と寄附金利子（五万六六五三円）が大幅に増えたからである。

小学校の授業料は学制に月五〇銭あるいは二五銭とあり、免除、軽減措置も記されているが、各府県ははるかに低い授業料を設定している。栃木県は明治六年四月に策定した「学校設立章程」において、一校あたりの就学生徒一二五人、平均授業料一〇銭、月収納金一五円をモデルケースとしている。しかし実際は、明治七年の授業料は「十三年以上の者は七銭、九年以上十一年までは五銭、八年以下の者は三銭」を原則にして小学区によって増減を認め、困窮家庭には免除の措置もあった。同年の授業料収入合計は九、三九六円余である。栃木市域を見てみると、未記入五校を除いた五二校の一か月授業料は、栃木町日惜舎の金一円三五銭が最大であり、最低ランクの石川新田村（藤岡町石川）三友舎の五銭とは二七倍もの開きがあり、減免措置があったといっても、町村の貧富差が授業料に反映していたのである。なお、五二校の平均授業料は約二八銭である。

明治十一年の新三法によって地方制度が整備され、大小区（戸籍区）が廃されて小区のもとに埋没していた町村が行政区画として復活した。これにより、翌年布告の教育令によって学区が廃止され、町村が小学校設置の基礎とされた。教育財政も学区内集金が「町村ノ公費」すなわち協議費に切り替わったが、住民の負担は何ら変わらなかった。

栃木師範学校と小学教員の養成

小学校が開校しても正則卒業の免許取得者がいなかったので、教員の養成は喫緊の課題であった。栃木県は明治六年四月、「学校設立章程」を定め、栃木町に「師範学校ニ類似スル学舎」を闢《ひら》いて管内の小学校教員の養成を図る方針を示し、文部省から認可された。同月、近龍寺本堂に開校予定の栃木小学校を仮借して東京師範学校を模した類似師範学校を開設した。翌五月には栃木小学校（日惜学舎）が開校する運びとなったので、一時、栃木町若松町（倭町）に仮転し、初めて生徒六〇余人の入校を認めた（明治六年の生徒数は二二五人である）。束脩金（入学金）・月謝はともに二五銭、生徒の修学期間は六〇日であり、小学校教員を短期養成することになった。九月、旧足利藩陣屋の修繕が完了すると、若松町から移転した。翌年九月には隣接する満福寺を官費生徒用寄宿舎に借用した

教科編成は文部省の制定した下等小学教則に基づき、読物・書取・問答・算術・習字を中心に教授したが、「本校ハ専ラ国語ヲ以テ教授」したという。いまだ前代の読み書き算盤《そろばん》の域を出なかったのである。十月には原弘三教頭が東京の師範学校で改正教則と授業方法を習得し、管内小学教員を集めて伝達会を開催しており、類似師範学校は教員の現職教育の機能も果たした。翌年からは一中学区に二人の小学督業官（巡回教師）を管区に派遣して講習伝達を行うなど、急ピッチで教員の指導・育成を図った。

明治七年五月には附属小学校を類似師範学校内に設置し、在校中に実習を経験させた。同年八月、類似師範学校は校名を栃木師範学校と改称し、生徒の修学期間を六か月に延長し（明治十年から一年、十三年から二年）、入校資格を満一八歳以上三五歳以下とした。入校時期は年四回（三月・六月・九月・十二月）である。学資全額免除の公費生が三〇人、学資の半額を免除する助費生が五〇人（学資の給弁は県ではなく宿町村である）、私費生（学資自弁）が二〇人である。教科も「修身・地理・歴史・文法・究理（物理）・作文・算術等凡《すべ》て下等小学の教

明治時代前期の学校生徒数

年号(明治)	師範学校			中学校(公立)			女子中学校	医学校	事項
	男	女	計	男	女	計			
6	225	0	225						類似師範学校を開校。
7	159	1	160						類似師範学校を栃木師範学校と改称。
8	112	4	116						栃木女学校・栃木師範附属予備学校を開校。
9	71	11	82					21	栃木病院附属医学所を設置。栃木女学校を栃木模範女学校と改称。
10	76	10	86	15	0	15		12	
11	40	8	48	24	0	24		40	栃木病院附属医学所を栃木医学校と改称。
12	46	0	46	72	0	72	101	85	栃木師範附属予備学校を栃木県中学校と改称し、分離独立。栃木模範女学校を栃木県第一女子中学校と改称する。
13	43	0	43	77	0	77	79	105	
14	49	5	54	68	61	129		101	栃木県第一女子中学校を第一中学校に統合し、女学部とする。
15	67	9	76	42	44	86			栃木県医学校を廃校する。
16	77	4	81	64	65	129			
17	87	11	98	93	52	145			
18	103	20	123	98	23	121			県庁移転により、栃木県師範学校・栃木県第一中学校を宇都宮に移転。

※ 出典：「栃木県年報」(『大日本帝国文部省年報』所収)

科に関する諸科を学ばしめ、余力あるものは上等小学の教科書に及ぼし」と教授内容の充実を図った。明治七年の師範学校生は一六〇人（男一五九人、女一人）、附属小学生が六〇人（男四一人、女一九人）である。

こうして徐々に師範学校卒業生は増加していった。小学教員は一八歳以上で師範学校の卒業証書を持つ男女でなければならなかったが、現実には小学校数に較べて教員は不足しており、士族や村役人、私塾・寺子屋の経営者、僧侶・神官からの横すべりも多くいて、粗製乱造は否めなかった。文部省は明治十二年の教育令において、「公立小学校教員は師範学校の卒業証書を得たるものとす。但師範学校の卒業証書を得ずと雖も教員に相応せる学力を有するものは教員たるも妨げなし」と規定した。この年の栃木県では「本県師範学校若くは官立師範学校に於て卒業證書を得たるもの」が一九四人、「卒業証書を有せずして公立小学校教員たる者は本県師範学校に於て試験の上、該教員に相応せる学力を證明すべし。但し従前の履歴により試験を要せざることあるべし」に該当する教員が三六一人。他にも無資格教員の「補助員」が七三六人いたので、一校あたりの教員数は平均すると二・七人である（教員総数一、二九一人を小学校数四八二で除する）。翌十三年には教員の一層の質向上を図るべく、三月に師範学校の卒業証書を所持しない小学校教員を「特徴生徒」として講習に参加させ、一五六人（男一五五人、女一人）に学力證明書を付与した。その結果、師範学校卒業生一五八人（男一五三人、女五人）と合わせた三一四人を訓導（正規教員）とし、不合格者や講習不参加者は補助員に格下げしたので、補助員は前年より四五九人増加して一、一九五人となった。十四年からは文部省達「小学校教員免許状授与方心得」の第五条「教員に非ずして授業生若くは助手等の名を以て教員に属し授業を助くる者の学力を検定すると否とは地方の便宜たるべし」との規定緩和に基づき、補助員の名称を「授業生或助手」と変更した。十四年の訓導は三〇二人（男二九八人、女四人）、授業生一、三七九人（男一、三四八人、女三一人）である。草創期の小学校教育を支えたのは補助員とか授業生と呼ばれた無資格教員であり、彼ら無くしては小学校教育は破綻していたに違いない。

中学校の開校

明治八年、師範学校に附属予備学校が附設された。入学資格は一五歳以上二五歳以下、修業年限は二年である。予備学校は「師範学校に進むの予備学科を修履」させ、「其の長ずる所を省略し、其短所専習するを許し（中略）、其生徒中より教員を採択」することを目的とした。入学者は小学校卒業程度の学力を有する者から学齢年齢を超えて小学校を修了していない者などさまざまであった。彼らは私塾・寺子屋で学び、「能く書を読み文を能くして数を知らざる」者も多かったので、修学内容は「中小学の課業を兼て修めしむる」という変則中学であった。

明治十年二月、師範学校は都賀郡薗部村鶉島（入舟町）の県庁前に新校舎が完成したので移転した。予備学校も同地に移転し、これを機に教育内容を変更して事実上の中学校とした。予備学校が正式に師範学校から独立して栃木中学校となったのは十二年二月のことで、十月に栃木県第一中学校と改称した。生徒の員数は一五〇人、本科（高等科）は修学年限が五年であり、三年期限の簡易科（初等科）も置かれた。現在の県立宇都宮高等学校の前身である。県立栃木高等学校は明治二十九年に栃木県尋常中学校（第一中学校）栃木分校として開校し、三十二年に独立して第二中学校と改称し、栃木中学校の校名となったのは二年後の三十四年である。

本県最初の女子中等教育機関は、明治十二年七月に栃木女学校（尋常小学）を発展的に解消して開校した栃木県第一女子中学校（高等女学校）である。本科（普通科。在学期限三年）のほかに予科（予備科）を置いて生徒定員を一五〇人とし、ほかに裁縫所（裁縫科）が設けられ、生徒と裁縫専修生徒に裁縫術を教授した。十四年六月に栃木中学校に統合され、栃木県第一中学校女学部となる。県立宇都宮女子高等学校の前身である。明治十五年の第一中学校の生徒数は男学部四七人（高等科二人、初等科四五人）、女学部四四人（普通科一二人、予備科二三人、裁縫科九人）である。普通科の修学内容は男学部の初等科レベルであった。

この時期の県会は田中正造・新井章吾らの民権派議員が過半数を占め、彼らは地方税によって運営される医学校や公立中学校に対して批判的であり、医学校の廃校もその強い意向によるものであった。中学校生徒の給費も明治十七年七月、県会の議決により廃止された。県当局は給費生の廃止で退学や入学者が減少することを心配したが、却って入学者が増加したのは「人民志学の度、漸く進歩したるを証するに足れり」と自賛している。

栃木県師範学校・栃木第一中学校・同女学部は明治十八年、県庁移転により宇都宮町に移転した。

栃木医学校の開校

栃木県は明治五年（一八七二）九月、栃木町の旧本陣長谷川基次郎（明治六年十月、学区取締就任）の家作を月三両（円）で借受け、栃木病院（仮）を開院した。開院場所は仮県庁のあった定願寺の隣地である。ところがこの場所は病室の裏側に塵芥捨場があり、溝《どぶ》は炎暑のときは悪臭を放ち、定願寺の樹木も繁茂して風通しもよくないので何とかしてほしいと、初代院長松岡勇記（山口県士族。緒方洪庵の適塾で医学を学ぶ。明治七年五月に依願免職）より鍋島県令に願い出たが、この時移転は実現しなかった。

栃木病院は開院にあたり『病院教則』『病院塾則』を定めており、栃木病院の目的の一つが医師の養成にあったことがわかる。明治六年の入塾生徒は一一人、「家業余暇通学生」が九〇人であった。七年七月、栃木病院は「手狭且不都合之角《かど》」があるのでしかるべき場所に移転新築したい旨を願い出、鍋島県令より許可が出た。七軒町（万町）での新築工事が完成すると、九年九月に医師養成の部門を栃木病院附属医学所と名付けた。さらに十一年四月、栃木医学校と改称し、栃木病院をその附属に変更した。初代の校長には栃木県三等属大家森重が就任し、六月には大家に代わって三浦省軒が校長に就任した。三浦は東京医学校（現東京大学医学部）の第一期卒業生で医学士であり、熊本・栃木・高知・福島・山形・新潟の県立医学校教員や校長を歴任して地方医学の向上に貢献した人物である。栃木県でも、十三年六月に任期満了で退任するまでの間に教則を改定するなど、栃木医学校の近代化に尽力した。医学校は「医学専門の生徒を教育する所」として、定員が一五〇人（貧困生六〇人は公費生）、在学期間は三年。入学者は満一七年以上三〇年以下である。

栃木医学校は明治十二年十月、栃木県医学校と改称した。この間の生徒数は、明治九年が二一人、十年が一二人、十一年が四〇人、十二年が八五人、十三年が一〇五人、十四年が一〇一人であり、十二年以降から急増している。近代的な医療制度は明治七年公布の「医制」に始まり、これに基づいて翌年から医師開業試験が東京・京都・大坂の三府で始まり、九年から全国に拡大した。試験科目は物理、化学、解剖学、生理学、病理学、薬剤学、内科学・外科学の七科目であり、漢方を廃して西洋医学を問う試験制度に変更された。試験は当初、地域の実情に配慮して府県が独自に実施したが、十二年には新たに「医師試験規則」を定めて政府の作成した問題で実施することに改められた。このため医学校は医師試験に合格するための予備学校の役割を果たすようになり、各県に新設が相つぎ、栃木県医学校も入学者が急増したのである。

ところが、医学校の運営には多額の地方税（県税）を必要とすることから、全国の公立医学校ではその存廃が問題となった。栃木県の場合、十三年の専門学校（医学校）の経費は一万一、〇三七円六六銭一厘である。同年の師範学校の五、七八四円五五銭一厘、中学校の三、一八七円三銭二厘、女子中学校の一、七七五円二二銭三厘の合計額よりも二九〇円も多い。十二年に開設された県会は「地方税を以て支弁すべき経費の予算及び其徴収方法」を議定する権限を有することになった。当時の県会は「民力休養」を主張する田中正造・新井章吾らの民権派議員が過半数を占め、地方税によって運営される医学校や師範学校・公立中学校に対して批判的であった。小学校すら卒業できない者が多くいる状況のなかで、「一部分の便益を図るが為めか、若しくは一個人に営業を与ふるが為め」に県民の血税を使用するのは妥当でないという主張である。

明治十三年五月の第二回栃木県通常県会に、初めて医学校廃止の建議案が提出された。十五年三月に医学校が焼失すると、同年の第四回通常県会の予算審議において、教育費中の栃木県医学校費を廃止することが全会一致で可決され、安生順四郎県会議長は「地方税を以て医学校を設置するの必要は更に之なき」との「医学校廃止の上申」を藤川為親県令に提出した。その結果、医学校は同年六月をもって廃校となった。

明治40年の栃木町

◎官衙・学校
① 下都賀郡役所
② 栃木町役場
③ 栃木警察署
④ 栃木区裁判所
⑤ 監獄署
⑥ 税務署
⑦ 中学校（現栃木高校）
⑧ 第二尋常小学校
⑨ 第一尋常小学校
⑩ 高等小学校

◎民間会社・銀行など
⑪ 鍋山人車鉄道㈱
⑫ 栃木畜産市場
⑬ 明治座（旧栃木米麻麦取引所）
⑭ 栃木商業会議所
⑮ 栃木郵便局
⑯ 栃木銀行
⑰ 栃木倉庫銀行
⑱ 栃木農商銀行
⑲ 第四十一銀行
（現みずほ銀行栃木支店）
⑳ 下野貯蓄銀行栃木支店
㉑ 栃木商業銀行
㉒ 朝日公園（現第二公園）

雲龍寺
鍋山人車鉄道
泉橋
大川橋
⑯
⑰
⑫
万町
開運橋
⑪
⑦ ●文
文●⑧
入舟町
常盤橋
万町
⑬
近龍寺
⑨ ●文
⑱
万町
② ●
文●
⑩
入舟町
倭橋
⑭
⑲
神明社
㉒
杢冷川
平等庵
倭町
旭町
満福寺
④
湊町
若松町
幸来橋
白旗山
湊町
⑮
⑳
相生町
室町
定願寺
⑤
延命寺
⑥
巴波橋
㉑
③
①
相生橋
開明橋
河合町
河合町
河合町
鍋山人車鉄道
停車場

八、栃木町の商業

明治の栃木町は県内商業の中心であり、宇都宮町に次ぐ町勢があった。『栃木県統計書』によれば、県庁移転前年の明治十六年の卸売商は栃木九九戸、宇都宮七六戸。仲買商は栃木の一二〇戸に対して宇都宮が三〇戸。小売商は栃木二四二戸、宇都宮七三〇戸。雑商は栃木一二六戸、宇都宮七三八戸。それが移転後の明治二十一年になると、卸売商が栃木一一一戸、宇都宮二四〇戸。仲買商が栃木六六戸、宇都宮三八戸。小売商が栃木七九五戸、宇都宮一、一九一戸。雑商は三二三戸、宇都宮四七四戸であり、米穀・肥料・麻などの問屋町として発展した栃木町の地盤沈下が認められる。栃木新聞に載せる明治十七年の景況は「県庁移転以来、ます〳〵不景気に沈み、近年より買物に出る人さへ少なり」というありさまであった。明治十九年の戸数（人口）は栃木一、一〇二戸（五、一八三人）、宇都宮五、六九一戸（二〇、三〇九人）と大きな開きがあった。

(1) 栃木町の金融機関

明治前半の金融システムを支えたのが国立銀行である。国が設置した銀行ではなく、「国法によって立てられ銀行」であり、全国に一五三行が開業した。栃木県に本店を置いた国立銀行が第四十一国立銀行である。明治十一年(一八七八)九月に開業し、本店を栃木町倭町に、支店を足利町に置いた。発足時の資本金が二〇万円(明治十四年、三〇万円に増資)、株数は二、〇〇〇株(一株一〇〇円)、開業期間二〇か年である。取締役有資格者である三〇株以上の所有者は九人(一〇〇株:木村半兵衛・正田利一郎・安田卯之吉、五〇株:滝沢喜平治・鈴木要三、三五株:岡嶋忠助、三〇株:中島喜代次・植竹三右衛門・大塚延接)であり、頭取に木村半兵衛、支配人に鈴木要三が就任した。一〇〇株所有者の木村は足利町の織物買継商、正田は佐野町の鋳物商、安田卯之吉は安田善次郎の娘婿である(善次郎は東京府の金融商。安田財閥の祖)。頭取の鈴木は下野麻紡績会社(鹿沼市)の初代社長でもあり、安田商店(安田銀行)の栃木進出に協力しており、安田善次郎と親しい関係にあった。

国立銀行は「士族銀行」といわれたが、これは華士族に支給された金禄公債《きんろくこうさい》(政府が華士族の家禄・賞典禄に代えて発行した公債)を主な出資金としたからで、全国立銀行一五三行の資本金の七〇%以上を華士族が占めたとされる。第四十一国立銀行は株主四一五人、そのうち士族が三七五人であり、約九割を占めていた。士族は三〜五株程度の小持株の者が多い。一〇株以上の二九人の内訳は士族五人、平民二四人であり、事実上は商人・地主が出資した銀行である。栃木市域では、大杉新田村の平民猪瀬弁吉の一〇株が最大で、次いで片柳村の士族関伝吉の七株である。栃木町では平民根岸政徳の五株が最も多かった。

栃木共立銀行

国立銀行は銀行紙幣（不換紙幣。資本金の六〇％まで発行が認められた）の発行と公金取扱を営業の二本柱とした。明治十四年下期の第四十一国立銀行の業況は、資本金三万円、積立金二万三、八〇〇円、預金七万七、七六九円、貸付金二〇万九、〇一八円、当期利益金は二万五、九六九円であり、資本金に対する純益率は八七％であった。その後も順調に利益をあげ、株主に対する配当を続けた。栃木県の公金取扱は八年十二月、大蔵省為替方の安田商店（安田銀行）が小野組の破綻を受けて栃木県為替方となり、県庁内に出納出張所を置いて地方税の出納一切を引き受けた。安田善次郎は自身も出資していた第四十一国立銀行に譲渡することを希望したが、銀行内に路線の対立があってかなわなかった。

国立銀行は営業満期が二〇年とされたので、第四十一国立銀行は明治四十一年に普通銀行に転換して㈱四十一銀行となった。大正七年（一九一八）に群馬県桐生町の四十銀行と合併して八十一銀行となり、大正十年に東海銀行に吸収された。その後、第一銀行→第一勧業銀行を経て、みずほ銀行栃木支店となって現在に至っている。

なお、明治後期に栃木町に創立された私立銀行には、栃木貯金㈱（明治二十五年。二十七年栃木銀行となる）・栃木農商銀行（明治二十七年）・栃木商業銀行（明治三十二年）・栃木共立銀行（明治三十三年）・栃木倉庫銀行（明治三十三年）の五行がある。これらの銀行は栃木町の米穀・麻・肥料などの問屋資本が出資して創立された地域色の濃い銀行である。栃木共立銀行は万町で麻苧問屋を営んでいた横山定助が明治三十三年に入舟町に横山商事㈱を設立、金融業を営み、四十一年に㈱中橋銀行（東京市神田区）を買収して移転・開業した個人銀行である。

このほかにも、太物商大塚金兵衛（釜金）が明治三十八年に東京神田に加満屋銀行、銅鉄商望月磯平（古久磯）が大正二年に東京巣鴨に京北銀行を開業している。

戦後恐慌・金融恐慌の影響で地方の中小銀行の経営悪化が表面化するなか、政府は昭和三年（一九二八）に銀行の統合を促進する改正銀行法を成立させた。同法は最低資本金に厳しい基準を設定したので、多くの地方銀行が吸収合併や廃業し、栃木共立銀行はこのときに廃業となった。大正十一年に栃木商業銀行を合併した栃木銀行も廃業となり、栃木倉庫銀行・栃木農商銀行は足利銀行に吸収された。こうして、栃木町に基盤を置いた銀行は廃業したのである。

(2) 栃木商業会議所の設立

栃木町初の商工業団体は明治十八年(一八八五)十一月に設立された栃木商工会(会長:長谷川展)である。足利工商会が明治十五年五月、足利織物の粗製濫造の防止と品質向上を旗印に織物商を組合員にして設立されたのに対して、栃木商工会は栃木地方(栃木町と周辺の九か村)の商工業六四業種を網羅し、商工業の利害得失を調整することを目的に設立されたが、具体的活動は不明である。運営は会員の出金であり、当時の商工界の実力を考えると困難が予測され、下野新聞も「栃木商工会は如何なる方法を以て其の経費を徴収せんとするや、別に困難を覚ゆることはなきか、記者の掛(懸)念に堪へざる処なり」と記している。設立時の通常会員は二八人であるが、運営・活動には苦労したものと思われる。

明治二十三年(一八九〇)九月、政府は商業会議所条例を公布し、従来民間に設立されていた商法会議所・商工会を改組し、法的団体としての商業会議所設立の道を開いた。その業務は、建議・請願・意見、諮問答申、各種調査、紛議の調停である。栃木町も栃木商工会員が中心になって設立の準備を始め、二十六年七月、栃木県下最初の商業会議所として、後藤象二郎農商務大臣の認可を得た発足した。

栃木商業会議所会員の定員は三〇人、会員の被選挙権は三〇歳以上の男子で、所得税三円以上の納入者である。選挙者は一〇一人、被選挙権を有する者は八一人であった。役員の選挙は会員の互選で行われ、大塚惣十郎（魚商）が初代会頭、副会頭に石塚新吾（栃木貯金会社取締・郵便業）、常議員に桜井源四郎（肥料・水油商）・波多野仙吉（呉服商）・清水安平（生糸商）・篠崎儀右衛門（鉄物商）・早乙女丈右衛門（醤油商）が選出された。以来、栃木商業会議所は地域の商工業界を代表して関係官庁に様々な請願・提言を行い、市況の調査や商業発展に裨益する見本市の開催、秋まつりへの協力など、栃木町の商工業の発展に尽力した。

栃木商業会議所は商工会議所法の公布により、昭和三年一月に栃木商工会議所と改称した。

九、両毛鉄道の開通と鍋山人車鉄道

(1) 両毛鉄道の開通

栃木県の鉄道は明治十八年（一八八五）七月、東北本線が大宮・宇都宮間に開通した。最初の一年間は利根川に架ける鉄橋が完成していなかったので、利根川は伝馬船《てんません》が利用された。鉄道が全通すると、上野・宇都宮間は三時間四〇分で結ばれ、大幅な時間短縮と貨客の大量輸送が可能になり、各地の河川交通は大きな打撃を受けて衰亡した。

鉄道の誘致運動は県南地域が先んじており、積極的であった。とくに足利・桐生地方は「日本のマンチェスター」と呼ばれた機業地であり、織物買継商にとって生糸・織物を東京や横浜に大量に、且つ早く運搬できる鉄道の開通は念願であった。しかし、巴波川水運に恵まれた栃木町は積極的とはいえず、温度差があった。足利郡小俣村（足利市）の織物買継商木村半兵衛らは明治十六年十二月、東北線を熊谷より足利・佐野・栃木・鹿沼を迂回して宇都宮に至る路線とすることを三島通庸県令に陳情したが、損益計算や軍部の意向で直線路線が採用され、運動は成功しなかった。

鉄道開設に執念を燃やす織物買継商らはその後も活動を続け、『日本開化小史』の著者で高名な経済評論家田口卯吉《たぐちうきち》を社長に迎えた。田口は、両毛鉄道を英国のマンチェスター（綿工業地）とリバプール（積出港）を結ぶ鉄道に擬して産業鉄道としての意義を説いた。明治十九年十一月、発起人総代一八人は「両毛鉄道会社創立請願書」を栃木・群馬県知事に提出した。総代には浅野総一郎（横浜の燃料商・浅野財閥初代）・安田善次郎（安田財閥初代）ら東京府の八人が加わっている。栃木県七人、群馬県三人の多くは足利・桐生の織物買継商であり、栃木町からの参加者はいなかった。

両毛鉄道会社の創設と鉄道敷設は明治二十年五月に認可され、社長に田口卯吉、副社長に木村半兵衛が就任し、本店が足利町、支店が東京に置かれた。両毛鉄道は明治二十一年五月に小山・足利間が開通し、十一月には足利・桐生間、翌二十二年十一月には前橋までの全線が開通した。開通後の営業実績は予想に反して貨物収入が旅客収入の二分の一程度で、株主への配当も少なく、株主の不満は大きかった。こうしたなか、日本鉄道会社との合併論が支配的となり、両毛鉄道は二五〇万円で売却され、三十年一月から日本鉄道両毛線として営業を開始した。

(2) 巴波川水運の衰亡

幕末期の混乱で衰退した巴波川の水運は明治初期には復活し、「未だ鉄道の便なく、当町集散の貨物は総て此川便に拠るの外なき時代なれば、既に使用の船舶も百弐拾余、之が取扱店の如《ごと》きも拾有余戸の多き」にわたるほど盛況であったが、両毛鉄道の開通で「貨物は漸次減少し、故に当業者其困難に堪ずして廃業相踵《つ》き」という状況に変わった。一方、木材や竹材の筏《いかだ》川下げは明治後期まで盛んに行われた。町内には数店の問屋があり、筏師によって新波《につぱ》河岸まで流され、ここで大筏に組み換え、東京深川の木場まで運んだ。トラック便との競争で竹筏は昭和初期には見られなくなったが、木筏は第二次大戦直後まで行われたという。

明治十年（一八七七）、内国通運会社（現日本通運㈱）が川蒸気船通運丸を利根川水系や霞ヶ浦に次々と就航させ、十三年十月からは東京・新波間（藤岡町新波）の航路も開かれた。船賃は高価であったが、高速で天候にも左右されなかったので旅客や物資の輸送に活発に利用された。通運丸は全長七丈（約二一メートル）、幅九尺（約三メートル）、時速一一㎞程で走行した。船の両脇にある大きな車輪（外輪）を推進機として走行し、その形状から錦絵に描かれるなど大変な人気であった。その後、鉄道の発達によって徐々に衰退し、昭和初期には姿を消した。

(3) 鍋山人車鉄道と石灰運送

野州石灰は江戸初期に発見され、鍋山村（鍋山町）の特産である。名主野沢家らが竈元《かまもと》として経営に携わり、村人は農業のかたわら、石取り人足・竈拵《かまこしら》え・焼立て日雇い・灰拵え・俵入れ・駄賃運送・薪《まき》山出し・歩行荷の日雇いに従事する石灰の村であった。江戸時代の窯には、名主窯（野沢四郎左衛門）・落合窯（落合四郎左衛門）・源之丞釜（田村源之丞）などがあった。明治前期までは日数も薪木も大量に必要な谷焼き法といわれる製法が主流で生産性が低かったが、野沢四郎左衛門が燃料に石炭を使用する七輪竈製法を導入すると、生産量は飛躍的に増加した。明治四十二年の記録には、石灰業者は九人、最も古い創業は田中石灰工場の文久元年（一八六一）とある。職工の人数はどこも十数人程度の小規模工場であった。

鍋山産石灰は荷車や荷馬で栃木河岸に運ばれ、巴波川を利用して東京へ移出したが、両毛鉄道が開通すると大量の輸送が可能になった。しかし、鍋山から栃木駅への輸送賃が高騰して経営に打撃になった。この現状を打開するため、明治二十九年（一八九六）、野沢四郎左衛門（翌年、大久保村旧名主落合四郎左衛門が創立委員長となる）が発起人となり、鍋山・栃木駅間の鍋山人車鉄道の設立を願い出、三十年二月に認可された。鍋山下河原→尻内→吹上→野中を通り、栃木県第二中学校（現栃木高等学校）敷地の西と南を廻ってそのまま大通りに出て、万町・倭町・室町の市街地を経て開明橋を渡って栃木駅に至った。架橋は三か所、永野川には尻内橋の直ぐ下流、巴波川は開運橋と開明橋の二か所に架けられた。梅沢・尻内・千塚・吹上・野中に停車場が設置され、現在も尻内町には「停車場《ていしやば》」の屋号を持つ住宅が残っている。本社屋は鍋山町、栃木事務所は栃木県第二中学校（現栃木高等学校）の東に置かれた。

人車鉄道は明治三十三年七月、客車八両、貨車三〇両で営業開始した。明治四十三年の時刻表によれば、一日一〇往復、下り坂となる鍋山から栃木駅へは約一時間二〇分、栃木駅から鍋山は上り坂であったので二時間一〇分前後かかった。下り貨物は石灰、上り貨物は石灰焼成に必要な石炭や生活雑貨であった。貨車以外に客車も接続しており、大正六年の乗客は二万一、五六五人であった。明治四十四年の栃木町の石灰取引量は二万三、七一八噸《とん》、そのうち栃木駅からは一万八、七一八噸、七八％が東京ほかに移出された。栃木駅輸送（移出）量のほぼ三九％が石灰であった。

鉄道線路は栃木町の市街地を通行したので、粉塵の公害や人身事故、駅で荷下ろしを待つ車両が市街地に渋滞するなどの問題がおき、明治三十五年に栃木商業会議所は溝部惟幾《みぞべいいく》栃木県知事に「線路敷設変更」を陳情し、大正九年（一九二〇）の県議会においても質問されている。

このため、市街地を避け、西の田園地を通り栃木駅に至る専用路線が検討され、あわせて輸送力強化のためガソリン車の導入も検討された。昭和五年（一九三〇）、吹上村野中（野中町）から箱森→薗部→片柳を一直線に進み、栃木駅に達する専用路線が開通した。また、昭和十六年には動力としてディーゼル車三台が導入され、これを機に客車が廃止され、無蓋車五〇台をもって運行された。その後、トラック輸送の普及によって昭和三十二年に営業が停止され、三十五年に正式に廃止となった。

あとがき

一九七八年に㈱ふろんてぃあ社から『栃木の史跡』を発行した。思いのほかに好評であったようで、改訂版・増補版と版を重ねた。編集長梶原一豊氏の熱心な勧めと彼の意気に共感して出版したものである。氏は、栃木県最初のタウン誌『うづまっこ』を発行し、「路地裏文化の掘り起こし」をスローガンにして町おこしに一所懸命に取り組んでいた。栃木の街をこよなく愛し、栃木市の将来を憂えて活動したのであった。しかし、残念ながら高度経済成長を経験した日本社会は日本文化や伝統を軽視し、日本の良さは失われていった。行政や市民は箱物行政に力を入れ、それを支持することはあっても、氏の声に耳を傾け、町の文化的遺産を顧みる人は少なく、家屋の耐久年数の問題もあって多くの歴史的な建物は毀されていった。

梶原さんは一九八九年に四十二歳で急逝したが、その人生は波乱万丈、保守的な土地柄の中でひとり、栃木の未来を信じ走り抜けた人生であった。増補版を出したころ、氏と『栃木の史跡』を見直し、もう少ししっかりしたものにしたいと話したことがあった。本書『とちぎ　歴史をあるく』で氏との約束を果たすことができたのは何よりも嬉しいことである。

人生では、人との出逢いほど大切なものはないであろう。私の歴史好きは中学校の恩師安藤英夫先生の影響による。先生は大変な博識であり、授業も変化に富み、話術も巧みであった。

教師としての幅の広さが窺われ、すっかり魅了された。先生は郷土の歴史の掘り起こしに熱心に取り組み、『寺尾風土記』や『寺尾物語』の著書がある。この二冊は旧寺尾村の歴史・博物・民俗など多岐にわたり、寺尾の全てを知ることのできる労作である。

高校時代にご指導いただいた山隈惟實先生は日本中世史の専門家であった。生家は医師の家系。ご本人も医者を志して熊本大学医学部に入学したが、若いころから関心のあった歴史学を忘れることができず、中途退学して國學院大學に編入学し、大学院の修士課程文学研究科日本史学専攻を修了された。先生の日本史の授業は実に懇切丁寧、知識が豊富で、板書事項もきれいな文字できっちりと書かれた。時代時代の流れがよく理解でき、生徒が難しいと思う経済史もわかりやすく説明され、実力に裏付けられた本物の授業であった。いわゆる詰込み型の授業とは縁遠いもので、緊張感が支配する授業を初めて経験した。大学院時代に書かれた「惣地頭について」は『日本歴史』一七〇号（吉川弘文館）に掲載され、学問的にも実績を残された。

三年生のとき、先生から「古文書を教えてやる」といわれて、『栃木県庁採集文書(1)』を週に二、三回ご指導いただいた。『吾妻鏡』（鎌倉幕府の記録。鎌倉時代研究の基本史料）の輪読にも出席を許され、卒業までには、白文（返り点を施さない漢文）も大分読めるようになった。先生からは、歴史研究の基本は史料を深く読み込むことから始まるということを教えていただいた。先生のご紹介で、『皆川文書』（皆川城内町・金剛寺）や『赤荻家所蔵文書』（結城市）を見せていただく機会を与えられ、中世文書に直接触れることができたこともよい思い出であった。

私は先生に心酔していたので、國學院大學史学科に進学したのは自然であった。学生時代は主に中世史を学んだが、先生からは専門馬鹿にならずに幅広く勉強するようにと助言をいただいた。

その後、先生と同じ日本史教師の道を歩み、二〇一六年三月に六七歳で病気退職した。在職中はほとんど学問の世界とは無縁であったが、退職してみると、一所懸命歴史学を学んだ学生時代が懐かしく、第二の人生として改めて歴史研究の道を歩み始めた。その成果は二〇一九年に『栃木県神社の歴史と実像』（随想舎）という拙い書物として上梓した。虚像で描かれることの多い神社史を実像本意で描いたものである。過去の様々な事件や人物のそれぞれについても何かと虚像が伝承しており、人はそれを事実として疑わずに執着する。伝承のうちに伝えられるものを歴史＝実像とするほうが楽しいし、安心だからである。本書も前書と同様に、虚を排して実像に迫ることを基本姿勢に、私が人生の大半を過ごした栃木市の歴史と史跡を思いつくままに纏めたものである。

末筆ではあるが、本書は今は亡き山隈惟實先生の学恩に感謝し、捧げるものである。

二〇二一年三月五日

筆　者

主な参考文献

相千恵子「太平山神社縁起」(『創立二十周年記念論集』一九八一　國學院大學栃木高等学校)
浅野秀剛「歌麿と栃木」(『國華』一三八七号　二〇一一)
荒川善夫「皆川氏の動向と戦国的特質」(荒川善夫著『戦国期北関東の地域権力』一九九七　岩田書院)
荒川善夫「戦国期下野皆川氏と皆川城」(荒川善夫著『戦国期東国の権力と社会』二〇一二　岩田書院)
荒川善夫「中世下野の在地領主に関する一考察―小野寺氏の発展過程―」(『宇大史学』一号　一九七九)
市村高男「越相同盟と下野国西方氏」(江田郁夫編『下野宇都宮氏』二〇一一　戎光祥出版)
稲田雅洋著『自由民権運動の系譜―近代日本の言論の系譜』二〇〇九　吉川弘文館
稲葉誠太郎著『水戸天狗党栃木町焼打事件』一九八三　ふろんてぃあ社
入江　宏著『栃木県の教育史』一九八六　思文閣出版
江田郁夫著『下野長沼氏』二〇一二　戎光祥出版
江田郁夫「中世の鍋山衆」(江田郁夫著『中世東国の街道と武士団』二〇一〇　岩田書院)
大木　茂「下野の尊王攘夷運動の展開と戊辰戦争㈠―筑波(天狗党)・出流山挙兵事件を中心として―」
(『栃木県立博物館紀要』七号　一九九〇)
大嶽浩良著『下野の戊辰戦争』二〇一四　下野新聞社
大嶽浩良著『下野の明治維新』二〇〇四　下野新聞社
大町雅美著『新井章吾―栃木県の自由民権家と政治』一九七九　下野新聞社

大町雅美著『栃木県鉄道史話』一九八一　落合書店
大町雅美・長谷川伸三編『幕末の農民一揆』一九七四　雄山閣
鬼石町教育委員会編『シンポジウム　古代東国仏教の源流』一九九四　新人物往来社
影山　博著『栃木県神社の歴史と実像』二〇一九　随想舎
影山　博「下野島津氏の歴史と城館」（『太平臺史窻』一号　一九八二）
川田純之「関東取締出役の罷免事件について」（『栃木県立文書館研究紀要』第七号　二〇〇三）
児玉幸多・北島正元編『新編物語藩史』第二巻　一九七六　新人物往来社
佐伯有清著『円仁』一九八九　吉川弘文館
佐々木潤之介著『世直し』一九七九　岩波書店
坂本達彦「天保期における幕府関東支配政策の展開」（『地方史研究』三一八号　二〇〇五）
佐野賢治「星と虚空蔵―日本星神信仰史覚書・その一―」（佐野賢治編『民衆宗教史叢書二四巻　虚空蔵信仰』一九九一　雄山閣出版）
下野新聞社編集局著『明治維新150年　栃木県誕生の系譜』二〇一九　下野新聞社
鈴木靖民編『円仁とその時代』二〇〇九　高志書院
高木俊輔著『維新史の再発掘―相楽総三と埋もれた草莽たち―』一九七〇　日本放送出版協会
田中正弘『栃木市史料叢書』第一集～第三集　解題　二〇一二・二〇一四・二〇一六　栃木市教育委員会
田辺昇吉著『北関東戊辰戦争』一九八二　自家版
圭室文雄著『神仏分離』一九七七　教育社
栃木県教育委員会事務局文化課編『栃木県の中世館跡』一九八三　㈶栃木県文化振興事業団

栃木県考古学会編『とちぎを掘る　栃木の考古学の到達点』二〇一六　随想舎
栃木県史編さん委員会編『栃木県史』通史編7　近現代二　一九八二　栃木県
栃木城郭研究会「皆川氏の城館址(1)」(『太平臺史窻』二号　一九八三)
栃木商工会議所編『栃木商工会議所百年史』一九九五　栃木商工会議所
豊田　武「下野の武士と神々」(『下野史談』三六号　一九七八)
西方町史編さん委員会編『西方町史』二〇一一　西方町
西沢淳男著『代官の日常生活　江戸の中間管理職』二〇〇四　講談社
萩原龍夫「下総総寧寺と下野大中寺―著名禅宗寺院の謎とその解明―」(萩原龍夫著『中世東国武士団と宗教文化』二〇〇七　岩田書院)
長谷川伸三「慶応4年野州世直し一揆の再検討」(『商學研究』三三巻二・三号　一九八二)
林　竹二著『田中正造の生涯』一九七六　講談社
平澤加奈子「いわゆる「円仁の系図」について―「熊倉系図」の基礎的考察―」(『東京大学史料編纂所研究紀要』二四号　二〇一四)
藤岡町史編さん委員会編『藤岡町史』通史編後編　二〇〇四　藤岡町
松浦茂樹著『足尾鉱毒事件と渡良瀬川』二〇一五　新公論社
村上重良著『国家神道』一九七〇　岩波書店
村上　直著『江戸幕府の代官群像』一九九七　同成社
由井正臣著『田中正造』一九八四　岩波書店

[著者紹介]

影山　博（かげやま　ひろし）

1949年　栃木県に生まれる。
1973年　國學院大學大学院文学研究科日本史学専攻修士課程修了
元國學院大學栃木中学校・高等学校校長

とちぎ 歴史をあるく

2021年6月23日　第一刷発行

著　者●影山　博

制　作●有限会社 随 想 舎
〒320-0033 栃木県宇都宮市本町10-3 TSビル
TEL 028-616-6605　FAX 028-616-6607
URL http://www.zuisousha.co.jp/
E-Mail info@zuisousha.co.jp

印　刷●モリモト印刷株式会社

装丁●栄舞工房

定価はカバーに表示してあります／乱丁・落丁はお取りかえいたします
 ISBN978-4-88748-391-0